日本霊性論

内田 樹 Uchida Tatsuru
釈 徹宗 Shaku Tesshu

NHK出版新書
442

日本霊性論　目次

まえがき

釈 徹宗

本書は二部構成になっています。

第一部は内田樹先生による三日間集中講義の収録です。これは二〇一二年の八月に開催された講義で、相愛大学人文学部が主催しました。ご本人による大幅な加筆・修正がなされていますので、ライブ感と奥行きのある思索との両面を楽しんでいただけることでしょう。

私はこの集中講義のコーディネーターを担当したのですが、テーマを「みんなの現代霊性論」と設定しました。これにはいくつか理由があります。

ひとつは、かねてより内田先生が指摘されている「東日本大震災を契機として浮上したのは、〝日本人の霊的成熟〟についての問題である」という点です。まさに今、私たちは「霊性」（スピリチュアリティ／宗教性）に取り組まねばならない。そのことが内田先生ならではの理路で展開される講義なのです。そして、その場にいる受講生のみなさんが、あらためて現代社会や現代人のあり様を見つめなおす状況におかれることになります。

また本書では取り上げることができなかったのですが、この講義は日替わりで個性的なゲストを招いていました。三人の豪華なゲストにつきましては、内田先生の「あとがき」をお読みください。とにかく集中講義の教室は「霊性」をキーワードに、さまざまな知見がクロスする場となりました。内田樹先生の講義を軸として、多方向から「宗教心」や「宗教的な態度」に関する言説が飛び交う強烈な三日間でした。

そんなわけで、参加者自身の宗教心が問われる事態と、複数の登壇者によるクロストークの場を想定して、講座の主題を「みんなの現代霊性論」としたのです。

第二部は、内田先生が館主をつとめる凱風館《がいふうかん》での三回連続講座です。凱風館では、寺子屋ゼミと称する勉強会を続けておられます。これに私が参加して、三週にわたって講義をさせていただきました。テキストは鈴木大拙の『日本的霊性』です。東日本大震災以降、現代人の間で「もう一度人類の伝統的な知恵に学ぼう」とする傾向が見られるようになりました。『論語』や『方丈記』などを読む人が急に増加したそうです。そんななか、霊性論の先駆的業績である『日本的霊性』を寺子屋ゼミで読もうと思い至りました。内田先生の集中講義と連なるはずだと直感していたからです。そこで第二部第三章では八月の集中講義を振り返るかたちとなっています。

内田先生と私は二〇一〇年に『現代霊性論』（講談社）を上梓しています。これは二〇〇五年度に開講された神戸女学院大学での講義を書籍化したものです。当時、私は「現代のスピリチュアリズムには、〝肥大した自我のもっていきどころ〟という面がある」と考えていました。確かに一九八〇～九〇年代のニューエイジ・ムーブメントや精神世界ブームは、そういう役目を果たしていたのです。

しかし、ここ数年で現代人の霊性に関わる問題は別の局面を迎えていると実感するようになりました。そしてそれは現代日本において見られる独特の状況ではないかと思うのです。かつて欧米のニューエイジ・ムーブメントが大きな影響力を持っていて、日本でも精神世界ブームが起こった時、宗教研究者の間では「欧米のムーブメントはどこまでいってもサブカルチャー的であるが、日本の場合は意外と根を張っていくのではないか。なぜならもともと日本の宗教的基盤とシンクロしているから」などといわれていました。

あれから三十年近く経った今、実際にそういう流れが見受けられると感じています。『日本的霊性』の再読を通じて、そのあたりについて言及しようと試みました。

ふたつの講義を合わせて、本書『日本霊性論』が生まれました。

書名の『日本霊性論』は、内田先生と担当の福田直子さん（NHK出版）との息がぴったり合って決まりました。このタイトルには、大拙の『日本的霊性』への敬意が込められています。

第一部 なぜ霊性を呼び覚まさなければならないか

内田 樹

第一章　先駆的な直感とセンサーの劣化について

(1)「正しさ」を身体的に確信する

韓国からの招待

こんにちは。内田樹です。

僕はこの八月十五日から十七日(二〇一二年)まで三日間、韓国に行っておりました。ご存じないと思いますが、韓国では僕の本がいくつか訳されているのです。『寝ながら学べる構造主義』、石川康宏先生との共著『若者よ、マルクスを読もう』、『日本辺境論』、『街場の教育論』と『先生はえらい』。五冊ですね。『日本辺境論』と『街場の教育論』と『先生はえらい』はほぼ同時に発売されました。これからも僕の本を出す予定があり、その販促活動として、『先生はえらい』と『街場の教育論』の出版記念イベントをやるのでソウルまで来てくださいということで、うかがいました。なんで僕の本が今ごろ韓国の人に読まれるのだろうか、それを知りたかったのです。

その前に、お二人韓国の方が僕のところに来られました。打ち合わせというか、ほんとうにこの人は韓国に来るんだろうかということを確かめに来たらしい。メールをもらって「来てください」というオッファーがあったときに僕は気楽に「はい、行きます」と返事をしたのですが、どうもその返事が軽すぎて、いまいち信用できなかったらしい（笑）。

来たうちのお一人は、僕が最初に電話で話した人でした。彼は日本語ができず、僕は韓国語ができない。しかたがないので、電話では英語で話しました。僕も英会話は得意じゃないのですが、彼もあまりお得意ではないらしく、僕の本を読んだ感想を「泣いて、泣いて、泣きました」（I cried, cried, cried）って言うんです（笑）。今回は新羅大学の先生で日本語の上手な方が一緒に来て通訳してくださったので、だいぶ楽ちんでした。「先生の本を読んで、『そうだ！』と言って、膝を打っているうちに、打ち過ぎて、膝が痛くなりました」と愉快なことを言う（笑）。この方は、韓国のオルタナティブスクールの校長先生、通訳をしてくださった大学教授の方のご専門は教育心理学でした。

いろいろと話を伺ってわかりましたが、どうも韓国の教育問題と日本の教育問題というのは、同根のもののようでした。そして、韓国のほうが万事ものごとの変化のスピードが速い。日本でそのうち起きるはずのことが韓国ではすでに始まっている。

ご存じだと思いますけれども、韓国は世界に冠たる学歴偏重社会です。大学進学率が七〇パーセントを超えている。そして、大学が格付けされていて、どの学校に入るかで先のキャリアが決定される。そして、その激しい競争のなかで、若者たちの知性がむしろ劣化しつつあると彼らはいうのです。

韓国では学校がビジネス的に管理運営されていて、かつての学校文化や師弟関係は崩壊しつつある。教師は教育商品、教育サービスの提供者であり、生徒と保護者はそれに対して代価を支払うという、商取引に準じたかたちで教育事業が行われている。商品価値の高い教育サービスには高い価格がつく、低いと判断されると値崩れする。市場における商取引と同じです。

そういう現状に対して、現場の先生方は強い危機感を持っている。なにしろ日本より事態の進み方がだいぶ速い。日本が二十年間かかって来たところを五年ぐらいで来た感じがします。事実、そういう表現をされていました。非常なスピードで教育崩壊が起きている。その危険を現場の先生方は実感している。

学校教育が壊れつつある。でも、韓国内にはそれについての議論がない。教育に市場原理を持ち込むことの危険性について語る人が誰もいない。ですからもちろん対処法も提言されない。日本にはそのようなことについて警鐘を乱打している内田というのがいるらしい。では、というので日本の僕にわざわざお声がかかった。そういう話の流れでした。

朴先生のたたずまい

そこでソウルへ行きました。いくつか新聞のインタビューを受けて、講演を二回やって、教育関係者とのセッションを一回やってきました。たいへんに有意義な経験でした。

行ったのは八月十五日で、この日は国旗が町に林立していて、休日なんです。うっかり僕が「今日は何の休日ですか」と訊ねたら、「独立記念日ですよ」って言われて、「どうもすみません」と。着いていきなり歴史認識の足りなさを露呈してしまいました（笑）。

竹島に李明博《イミョンバク》大統領が上陸した直後のことでしたので、日本のメディアを見る限り、日韓関係は非常に緊張していたはずなんですけど、ソウルではみなさん非常にフレンドリーでした。僕がいる間に、日韓問題で批判的なことを言われたのは一度だけです。講演の後の質疑応答で、「あなたの『日本辺境論』というのは、あれは『日本弁解論』じゃないか」と言われて、「はい、そうです」と答えたくらいで（笑）。後はずっと親切という以上に熱心なオーディエンスに囲まれておりました。

でも、僕が言いたいのはそんな話ではなくて、そこである方にお会いしたんですけども、その方のたたずまいが僕に強い衝撃を与えたことです。

空港に着いたとき、出版社の方が二人と、もう一人、僕が講演をするはずの小さな書店の社長さんが迎えに来てくれていました。ギルダム書院というソウルの本屋さんで、カフェで、画廊で、イベントホールで、コンサートホール。そういう小さいスペースを主催している朴聖焌《パクソンジュン》先生という方です。こちらはどんな方だがよく存じ上げないので、とにかく「こんにちは」と言って、名刺交換をしました。

そしたら、その朴先生がキャリーバッグからどんどん本を出してカフェのテーブルの上に積み上げるんです。それが全部僕の本なんですよ。二十冊くらい。その全部にびっしりと付箋が貼りつけてある。そして、「これを全部読みました」と（笑）。『困難な自由』というレヴィナスの訳書があるんですけれど、これなんかもう付箋だらけなんです。熱心な方だなと思って、しばらくお話をしました。

僕と同じ年くらいかなと思っていましたが、お訊きしたら七十三歳でした。この方は六十年代の終わり、ソウル大学の経済学部の大学院生だったときにマルクスの訳書を持っていたということで、「反共法」という法律の違反で逮捕された。当時、韓国にはそういう冤罪事件がたくさんありました。北朝鮮のスパイ組織が左翼的な学生を組織していて、革命闘争をしようとしているという風評があって、朴先生はそれに巻き込まれたのです。当時の韓国では「反共法」でマルクスの本は発禁だったんですけれど、朴先生は経済学者ですから、マルクス主義経済学というのがどういうものか興味があって、その写本を手に入れて書棚に置いてあったのを密告されて、捕まった。マルクスの本の写本を所持していただけで、懲役十五年の刑を宣告されたのです。釈放されるまで、十三年半獄中で過ごされたそうです。

事件自体は警察がでっちあげたフレームアップなのですが、何の政治組織にも属していない一人の大学院生が、革命を企てたという無実の罪である日逮捕されて、それから十三年半獄中に入れられていた。八十年代に入って、「反共法」が廃止された後に出獄してきた。その後、経済学から神学に専門を変えて研究を続けられ、アメリカで神学博士号を取って、日本にも留学したことがあるそうです。その方がソウルで今さまざまなリベラル派の文化活動の中心にいる。

この方が、実に立派な方だったんですよね。たたずまいが違う。こういう人って、いまの日本にはもういなくなったなとしみじみ思いました。昔はいたと思うんです。二十年前までぐらいでしたら、そういう気骨のある人士は日本にもいた。だけど、いまはもう日本社会では決して見ることができないタイプの人です。

十三年半獄中にいた。それも無実の罪に問われて。でも、獄中にいる間に一人研究をして、日本語も獄中で修得した。それは、同房者のなかに在日韓国人が二人いて、彼らのところには日本からどんどん本が送られてくるのだけれど、日本語の本については検閲がなかったからなんだそうです。彼らのところには日本語で書かれた社会科学系の本がどんどん送られてくる。ですから、日本語さえ読めれば、社会科学についての最先端の知見にアクセスできる。そこで日本語を猛勉強されて、獄中で日本語を修得した。同房の二人から日本語会話も習った。ですから、きわめて流暢《りゅうちょう》な日本語を話す。

その方と向き合っていて、何でしょうね、「こういうのって日本人になくなってしまったな」と痛感したのは、単独で国家権力と対峙したが屈しなかったという矜持《きょうじ》ですね。

先生自体はそんなにお金持ちじゃないです。小さな書店主にすぎないわけです。決してメディアに出てくるような有名人でもないわけです。でも、若い世代の人たちからは仰ぎ見るように尊敬されている。朴先生がどれほど敬愛されているかは三日間一緒にいてわかりました。それって、結局朴先生の身体からじわじわとしみ出す人間的な重みなんですね。

その重みを担保しているのは、こう言ってよければ、朴先生の自分への誇りなんです。自分は非常に辛い時代を過ごしたけれども、その中で屈しなかった。十三年半の間自分を不当に弾圧した権力に対して、まっすぐ頭を上げ続けて、そして出獄してきた。そして、そのまままっすぐに道を歩んでいる。そういう生き方をした人にしかない種類の矜持の高さですね。

そういうものをいま僕らの国では見ることがない。僕なんか、いくら偉そうなことをあれこれ言っても、突然警察に踏み込まれて、捕縛されて、拷問されて、あることないこと罪を着せられたら、すぐに「すみません」とか泣き出して（笑）、たちまち前言を撤回して検察官の靴をぺろぺろなめるような人間なんじゃないか、そういう不安がいつもあるわけです。

僕が武道を稽古している理由というのは、それに尽きるんです。必死に稽古しているのは、基本的に暴力に弱いからです。身体的な痛みに弱いんです。だから拷問とかされたら絶対にすぐに口割っちゃうってわかっている。秘密警察に拷問されなくても、そのへんの強面《こわもて》のお兄ちゃんに凄まれても、へたりこんじゃうかもしれない。だから、絶対にそういう状況に巻き込まれないために、仮になったとしても、なんとか最悪の事態を回避できる能力を上げようとして武道を始めたわけです。

こういうところで講演したりしているのも、なるべくステークホルダーの数を増やしていこうと思っているからなんです。思想犯で捕まった場合でも、あいつの読者や知り合いのなかには政治家もいるし、うるさい論客もいるから、面倒だから釈放しちゃえとか、そういう安全保障のネットワークも仕込んでおいた方がいいかなとか（笑）。いろいろ考えているんです。

でも、こういうふうにつねに我が身の安全をはかって発言しているということ自体が僕の自信のなさの表れなんです。自分自身を顧みて、おのれの信念を守って、どんな弾圧があっても、それに対して屈服しない、頭を上げていられるかどうか、自信がない。いや、自信がありますと口で言うことはできますよ。でも、ほんとうにその場に立たないと、自分がどうふるまうかわからない。それを現にやり抜いた人と、「なんかやれなそう気がする人」とでは人間としての重みが天と地ほど違うわけです。

不動の自負は保証を求めない

僕と朴先生の違いは、その自負のたしかさの違いなんだと思います。矜恃がある。自分を信じられる。自分を頼れる。経験のなかでそれを学んだという人というのは、今の日本社会にはもう存在しないんです。だって、秘密警察も予防拘禁も拷問もないわけですから。だから、「仮にそうなったら」という話しかできない。だから、日本のメディアでも、政治的に過激なことを揚言《ようげん》する人がいくらもいますが、このなかに獄中に十三年投じられても、その政治的意見を揺るがせないでいられる人間が何人いるだろうかと思ってしまうんです。何人かはいるでしょうけれど、九五パーセントくらいは警察に一喝されたら、あっというまに腰砕けになってしまうでしょう。彼ら自身もそのことは何となくわかっているはずです。でも、「警察の拷問に耐えられる人間なんかいるはずがない。暴力で脅かされたら、誰もがあっというまに自分の意見なんかひっこめる」と思っている人間たちばかりで日本の論壇は形成されている。そのなかで暮らしてきたせいで、僕はほんとうにそういう人がいるという事実を忘れていたんです。それを朴先生に会ったときに思い知らされました。

鶴見俊輔とか大岡昇平とか吉本隆明とかは会えばこんな感じかなと、僕は何となく思ったのです。でも、そういう世代の人たちがわれわれの前からどんどん消えていっている。自分の語る言葉の重みを担保できるだけの生き方をしてきた人のたたずまいがどんなものか、僕たちはもう知らない。「身体を張ってものを言う」ということについて歴史的な検証に耐えた人というのを、僕らはもう見てないんです。

このことは、僕にとって非常に大きかったような気がするんです。三日間ずっと朴先生とご一緒したんですけども、一番最後、別れ際にカフェでお茶を飲んでいたら、「内田先生、腕相撲しましょう」って言うんです(笑)。「何ですか」って言ったら、「僕が獄中にいた頃、監獄で一番強かったんです」って言うんです。七十三歳で、腕なんかこんなに細いんですけど、確かに、けっこう強いんです。やったら、「いやあ、さすがに強いな」と言ってくださってですね、ニコニコ笑って、表へ出たら、突然ぎゅっとハグされたんです。「また会ってください」って。ちょっとホロッとしました。

ホロッとしたというのは、こういう外国で、特に日韓は今緊張関係にあるわけです。さまざまな歴史的な経緯がある隣国の人たちから歓迎された。そういう親しみの表現を受けたということに対する感動もあるんですけども、やはり僕自身の感覚としては、朴先生のような単身で国家権力と対峙した経験を持っている人に承認してもらったということがうれしかった。

朴先生のような経験をされた人にとって、最終的に頼れるものというのは、自分自身の身体感覚しかないんだと思います。自分は間違っていない。間違った生き方をしていないということを身体的に確信できていないと、周りの人間の九九パーセントの人間が「あっちだ」と言うときに、自分は「こっちだ」と思うから「こっち」に歩くということはできないですから。自分の正しさを保証してくれる外形的なエビデンスもないし、社会的な保証もないし、支援してくれる人もいない。自分の正しさを保証してくれる上位審級が存在しないときにも、自分のしていることは間違っていないと確信できた人、そういう人って、いったいどういう基準で人間を見ているんだろうということを韓国にいる間、ずっと考えていたんです。

ですからその朴先生から腕相撲したときの手触りで、「この男は大丈夫だ」と、とりあえず「合格」というハンコをおでこに捺《お》してもらったような感じがしたので、それで感動しちゃったのです。こういうのって、日本国内で本がたくさん売れましたとか、書評でほめられましたということとはまるで意味の違うことなんです。隣国の人から評価されたということじゃなくて、朴先生のような、自分の正しさの根拠を外部に求めずに、ひとりで自分を基礎づけてきた人、そういう人からはっきりとした、温かい波動が送られてきた。その温かい波動の根本にあるのは先生のご自身に対する信頼なんです。

今の日本を含めて、世界中が同じだと思うんですけれど、上位審級なしに、摂理でも、歴史を貫く鉄の法則性でも、あるいは時の権力者でも、多数派の意見でもいい、そういう外部的な保証がなくても、自分の判断の正しさに確信を持って、それに身体を張ることができるということを僕たちは忘れてしまっているんじゃないか。ソウルでそう思いました。

(2)「シグナル」を感じる力の衰え

「原発供養」

さて、東日本大震災と福島の原発事故で、僕が一番感じたことは、「シグナル」を感じる力が衰えたということです。養老孟司先生と、震災の直後にお会いしたときに、養老先生が淡々とおっしゃったことがありました。それは「今日本に起きているのは〝問題〟ではない。これは〝答え〟なんだ」ということでした。

「われわれが何十年間やってきた、われわれが作り上げた社会システム、われわれが設計したシステムの瑕疵《かし》がこうやって具体化して、露出した。それが今回の原発事故なんだ」と養老先生はおっしゃっていました。

そのときに、これはいったい何の「答え」なんだろうと僕は考えました。いったいどこで間違えたのか。その後、いろいろな方たちとこの問題に関して話をしましたけれども、特に印象に残っている話が二つありました。これはどちらもブログでも紹介したし、本にも書きました。

ひとつは、橋口いくよさんの「原発供養」の話です。橋口さんとは名越康文先生と三人で『ダ・ヴィンチ』の雑誌で毎月連載の鼎談をしてきました。

橋口さんは、震災後の何日目か、二日目か、三日目に、ふと思い立って、原発の方向に向かって手を合わせて、お祈りを始めた。原発に向かって「東京から来た橋口だよ」って。原発相手に「ため口」というのがおもしろいんですけど（笑）。「お願いだから、そんなに怒らないで。熱くならないで。もっとクールダウンしてね」と、そうやって毎日お祈りしている。すると、原発が怒っていると自分の身体もだんだん熱くなってくる。原発が落ち着くと体温も下がる。原発と自分の身体が同期するようになったんだそうです。そうやって一生懸命「ごめんね、ごめんね」と謝り続けた。三十年で耐用年数が過ぎているのを、さらにプラス十年間、四十年間も酷使してきて、安全性のための十分な手立ても講じていないところで事故が起きた。事故を防ぐための十全な備えをしていないままで、事故が起きたとたんに、みんなが原発をまるで汚れ物のように、諸悪の根源のように扱っている。橋口さんは「それは違うだろう」と感じたわけです。原発だって被害者なんだと彼女は言うんです。原発だって痛がって、苦しんでいる。だから「そんなに怒らないで」って彼女は一生懸命祈っていた。その話を聞いて、名越先生も僕もちょっと涙ぐんじゃいました。いい話だな、と。

彼女がブログに「原発に向かって毎日祈っている」と書いたら、テキサスにいる日本人の女の子からメールが来て、実は自分も震災の日から後、毎晩原発に向かって祈っていますと言ってきたそうです。そういう人がいるんですね。同じ頃、日本全国でも何十人か何百人かの人たちが原発に向かって祈りを捧げていたんだろうと思います。

現代の日本に一番欠けていたのは、この「祈り」の気持ちじゃなかったのか、そんな気がするんです。祈りと原発が連動しているなんて科学的にはまるで根拠づけられない。でも、科学的根拠なんかどうでもいいからとにかく祈る。実はそういうマインドセットこそが原発開発において一番欠けていたことじゃないかと思ったんです。

祈るということ

祈るというのは、人知の及ばないことについて天の助けを求めるということです。「この世には人知の及ばぬことがある」という人間の能力についての限界の感覚がないと祈りは始まらない。もし実際に、福島原発の職員やエンジニアのなかに、事故が起こる前、通常の操業の段階で、いつでも「祈る」という気持ちがあったら、こんな事故は起きていなかったんじゃないか。耐用年数を過ぎて働き続ける原発に対して、その労苦をねぎらうという発想があったら、こんな事故は起きてなかったんじゃないか。原発に向かって日々「ご苦労さま」とか「酷使してごめんね」というような気持ちで接していたら、こんな事故は起きてなかったんじゃないか。僕は本気でそう思うんです。

どんなに不信心な人でも、お正月に初詣でに行けば神さま仏さまに向かって、「家内安全」とか「学業成就」とか「五穀豊穣」とか心のなかでつぶやくわけです。でもそうやって定型的な祈りの言葉を言った後に、なんとなく二秒ぐらい黙って合掌している。あれは、神さま仏さまの方から、何か言ってこないかなと、実はちょっと思っているんですよね。「わかったよ」とか、「あいよ」とか、返事が来るんじゃないかなって（笑）。そんな返事が来ないことはわかっているんだけれど、それでもしばらく黙って手を合わせている。あの「聞こえないメッセージを聞き取ろうとする構え」が祈りの基本的な姿勢だと僕は思います。合掌して、センサーの感度を高めている。

僕は外国に行くと、まずその土地土地の神様のところに行って、お祈りを捧げるということを習慣にしています。学生たちを連れてフランスに語学研修に行くとき、パリに着いた翌朝は必ず一人でノートルダム聖堂に行って、二ユーロ出してろうそく買って、お灯明を上げてマリア様にお祈りをします。フランス語でやるんです。私ども、日本からやってまいりました団体でございますけど、どうぞ旅の間、みんなを災害から守ってください。よろしくお願いします。二ユーロのお灯明ですから、二週間だけでけっこうです(笑)。そうお祈り申し上げるんです。でも、こういうことは必要だと思うんです。幸い、僕は十回ほどフランス語学研修に学生を引率してゆきましたけれど、ついに一度も深刻なトラブルに遭わずに済みました。後から振り返ると、9・11とか地下鉄爆弾テロとかけっこう危険なこともあったのですけれど、学生の身には何も起きなかった。僕がマリア様にお祈りしたことと、旅行の無事の間に関係があるかどうか、それは証明のしようがないけれど、僕は「ある」ように感じます。

「人知を超えたもの」に備える

外国の旅先ですから、何が起こるかわからない。どんな不測の事態が起こるかわからない。ですから、それに対してつねに備えていなければいけない。僕の社会的能力を超える出来事に遭遇する場合もある。その場合でも、どうか学生たちが無事に生きて帰れますように、そう祈ります。祈りというのは、「そういう場合」を想定してみるということです。確率的にはありえないことでも、起きるかもしれない。そういう心の備えをする。そして、そのときには天佑《てんゆう》がありますようにと祈る。

僕が祈るのは、危機に対する感受性を高めておくためです。お祈りが済んだから、これでもう安心だと気が緩む人もいるかもしれませんが、僕はそうじゃないと思うんです。思わず手を合わせて祈るというのは、人知を超え、人力を超えたような種類の災厄が襲ってくる可能性を想像するということです。そんなことは確率的に我が身には絶対起こらないと思っている人はたぶん神仏には祈りません。祈りというのは、できる限りの備えはするけれども、自分の力の範囲を超えた災厄に遭遇したときには天佑を頼る他ないという心の構えのことだと思います。そして、そして、そういう気構えをしていると、無用なトラブルを回避することができる。

原発の現場では、原子力テクノロジーは人間が現在所有している知識や技術では完全には制御できないということを実はみんな知っていた。使用済み核燃料なんか、処理技術が確立していないのに、どんどん溜まってくる。とりあえずは発電できているんだから、いいじゃないか。後の始末は未来のテクノロジーが何とかしてくれるだろうと、未来にツケを回している。どうやって廃炉にできるのか。何年かかるのか、いくらかかるのか。それだってよくわからない。制御できていないテクノロジーに頼らなければ生き抜けないということも人間の身にはあるのかもしれません。でも、その場合でも、自分たちが「人知の及ばない領域」に踏み込んでいるのだということについての恐怖感は維持すべきだったと思います。人間が踏み込んではいけない領域に踏み込んでしまっているということについての疚《やま》しさと恐怖があって当然だと思うんです。それがあれば、原発テクノロジーに対して、もっと敬意を以て接したと思うんです。敬意を以て接していれば、人が見逃すようなトラブルにも反応できた。

僕が福島原発の事故映像を見て一番衝撃を受けたのは、建屋《たてや》と称するところに青いペンキが塗ってあって、波のようなものがペンキ絵で描かれていることでした。これではダメだと思ったんですよ。あれは非常に危険なテクノロジーを扱っているという意識がある人間が採用するようなデザインじゃありません。原発がほんとうに危険なものだという覚悟があったら、あんなゆるいデザインは採用しません。そこに働く人たちの注意力や警戒心を高いレベルに維持するためのデザインが採用されたはずなんです。

　そういうのはごく実用的なことなんです。危険なテクノロジーを扱っているのであれば、現場の人たちの心身のセンサーが敏感になる環境をどうしたら設計できるのかを考えたはずなんです。僕は震災の後ブログに「原発には原発神社を勧請《かんじょう》しておくべきだった」と書きましたけれど、冗談を言っていたのではありません。人間が「人知を超えるもの」に意識を集中させるための場を作ろうと思うなら、「祈りの場」に範を求めるべきです。神社仏閣か教会かあるいは墓地か、そういう清潔で静かで透明感のある場をモデルにして原発は設計されるべきだった。

　でも、そういう発想が原発にみじんも感じられなかった。人間がその心身のセンサーを最大化できて、わずかな異常や不調でも感知できるような環境を整備しておくという配慮が僕には何も感じられなかった。その鈍感さが原発建屋のデザインに集約されていたように僕には思われました。この原発の外壁をデザインを採用した人間は、原子力テクノロジーを「なめて」いたんです。ただのコストの安い発電施設だと思っていた。

　非常用の発電機と平時用の発電機が並んで置いてあって、防水が十分ではなかったので津波が来たときに同時に停電してしまった。防災上ありえない設計です。非常用の装置は他が全部ダウンしても大丈夫なところに設置するというのはリスクヘッジの基本でしょう。原発で想定される事故として確率が高いのは津波、地震、落雷、飛行機の墜落、そしてテロです。パターンが限られている。そして、原発は全部海岸にあるんですから、最も起こる確率の高い事故は津波です。その津波が来たら「想定外」だったので全電源喪失しましたという言い訳が通るはずがない。

たぶんコストを優先させたのでしょう。非常用も平常運転用も並べて同じスペックで作った方が安く上がるから。安全基準にも合致しているんだからいいじゃないか、と。たぶんそういうふうに「なめた」考え方で原発を設計した人間たちがいた。そういう人たちが決定権を持つ地位にいた。

だから、原発事故というのは九〇パーセントまで人災だと僕は思います。この人災の根本にあるのは、人知を超えるものの到来に対してセンサーの感度を高めて備えるという構えがなかったということだと思います。そういう畏《おそ》れの気持ちを日本人はいつの間にかなくしてしまった。

もちろん原発でも、安全基準の数値は守られていた。だから誰にも責任はないという言い方をする人もいるでしょう。でも、数値として検知されるのは、ある種の計測機器の測定できる変化だけです。計測機器の精度では感知できない変化は機械ではなく人間が感知するしかない。当たり前のことです。人間というのは実にいろいろなことがわかるんです。

重大な危険を予知することくらいできる。機械にはできないことが人間にはできる。

(3) 無意識に察知する

好きな人の名前は見えなくてもわかる

意識的なレベルにおいては感知できないことでも、潜在意識のレベルでは感知できる。実際に今、脳科学の分野でいろいろな仮説が提出されています。人間の潜在意識は顕在意識が知覚しない膨大な情報を実際には超高速で処理しているわけです。

池谷裕二さんという脳科学の専門家の方がいます。脳に関するいろいろな最新の知見を世界中の学術誌から探し出してきて紹介してくれています。最近出た『脳には妙なクセがある』(扶桑社)という本のなかに、おもしろい実験がありました。

ディスプレイに26/1000秒だけ文字を映し出す。これは眼には見えません。全然見えない。見えないんだけど、ディスプレイに表示した瞬間に被験者に合図をする。今文字が映りましたよ、と。そのときに、被験者は今映ったのは英語か英語じゃないかを判断する。どちらかを選んで、ボタンを押す。「見えないもの」についての反応を見る。これがおもしろい。もちろん全然当たらないのです。当たるはずがない。見えないんですから。

ところが、被験者は全部若い女性なんですが、好きな男の子の名前を聞いておいて、その好きな男子の名前を、同じく26/1000秒、文字表示が出る前に出すんです。男の子の名前が出て、0・15秒後に実験のシグナルを出す。男の子の名前も、実験のシグナルも、どちらも見えないんです。すると、非常におもしろいことがわかった。正答率は変わらなかった。やっぱり文字は読めない。当然です。でも、押すまでの反応速度が速くなったんです。0・03秒速くなった。この実験の結論は「好きな男の子の名前が出ると、人間は自分の判断に自信が持てる」ということでした（笑）。

好きな人がいるということだけで、人間は自分の判断力に対する信頼度が高まる。これはなかなか深い話ですね。意識レベルでは探知できないような入力刺激に対しても、実は人間はそれをきちんと受け止めて反応している。それと同じようなことは日々いくらでも僕たちの周りで起きていると思うんです。わからないことをわかっている。

武道家が装備する「危険センサー」

僕の合気道の師匠は多田宏先生という方なんですけども、多田先生が昔、稽古のときにこんな話をされたことがありました。朝起きて洗面所で顔を洗っているときに、後ろのドアが開いて女房が入ってくる。そのときに機嫌がいいか、悪いかがわからないようでは武道家になれない、と（笑）。顔を見てないし、声も聞いていない。でも、気配だけで、ちょっと今日はご機嫌が悪いなとわかる。ごく日常的なことですけれど、僕にはよくわかる。

ちょっと機嫌が悪い、微熱があるとか、寝が足りないとか、その程度の愁訴《しゅうそ》でも、人間が周りに放射している波動には変化が生じる。体温とか、呼吸とか、体臭とかが微妙に変化する。ほんとうにわずかな変化です。おそらく計測機器を使っても検知できないくらいの変化です。でも、そういう微細な変化に対して反応できるセンサーは武道家としての能力の本質的な部分なんです。ですから、そのような能力を高めるために僕たちは日々稽古に励んでいるわけです。それは「強くなる」ということとは違います。ライバルとの強弱勝敗巧拙について話しているんじゃない。環境の微細な変化に対するセンサーの感度を上げて、感知できないはずのことが感知できるような心身を作り上げる。生き延びるために最も有効な能力だからです。

これも何度も引いた話ですけれど、帝国連合艦隊の司令長官だった東郷平八郎という人は、若いときからとにかく「運がいい人」だと言われていた。舞鶴《まいづる》の鎮守府《ちんじゅふ》司令長官で、退役直後に日露戦争が始まり、当時の海軍大臣だった山本権兵衛が東郷を抜擢して連合艦隊の司令長官に置きました。そのときのことを司馬遼太郎が『坂の上の雲』に書いています。東郷を抜擢した理由を明治天皇に尋ねられて山本は「東郷は運のいい男ですから」と答えたそうです。

東郷は薩英戦争以来の歴戦の勇士ですが、一度も負けたことがない。危険なことに遭遇しないのです。こんな逸話があります。若い海軍軍人の頃、町を歩いていたら、前方に博労《ばくろう》と馬がいた。それを見て、道の反対側に渡って、馬を避けた。それを見た別の軍人が、「帝国軍人ともあろうものが、馬を恐れて道を避けるとはどういうことだ」と難詰《なんきつ》したところ、東郷は少しも慌てず「駄馬とはいえ、突然狂奔して、人を蹴ることもある。馬に蹴られて怪我をして本務に支障ができては、それこそ帝国軍人の本分にもとる」と言って笑ったという逸話を、司馬遼太郎が紹介していました。

東郷は別に用心深い人だったわけじゃなくて、こういうのって、わかる人にはわかるんだと思います。ただ馬がいたから避けたわけじゃない。馬の様子がわずかに変だったんだと僕は思います。いつもと違う。東郷にはそれがわかったんです。あと一滴垂らすと水が溢れ出すコップは、見た眼はふつうですけれど、センサーの感度がよい人はそこに強い「危険」シグナルを感知する。

多田先生の、後ろから入ってきた奥さんの顔を見なくても、機嫌がいいか悪いかわかるというのと同じです。まだ行動には現われていなくても、わずかな入力によって、突然何かが起こる可能性がある。その予兆がある。それを感知したら、適切な回避方法を探る。バルチック艦隊がどっちから来るのか、対馬海峡から来るのか津軽海峡から来るのか、そんなことわからない。でも、東郷平八郎には何となくわかった。単に運がいいわけじゃないんです。さまざまな情報が入ってきた。いろいろな人が情報を具申する。その情報の真偽や精度はわからない。でも、具申してくる人間がどれぐらい彼自身の伝える情報に自信を持っているのかはわかる。僕たちが「どうしていいかわからないときに、どうしていいかわかる」のはそういうメカニズムが働いているんじゃないでしょうか。

「情報についての情報」を見る

似た話があります。これは鷲田清一先生からうかがった話です。松下幸之助がすぐれた経営者の条件を三つ挙げたことがあった。ひとつめは、愛嬌があること。ふたつめは、運がよさそうに見えること。みっつめが後ろ姿っていうんです。……カテゴリーがでたらめですけれど（笑）。でも、「運がよさそうに見える」というのはビジネスマンにとっても大事な条件なんですね。AかBか、どちらを採るかというときに、決定的な根拠がないときでも、「じゃあBでいこうか」とか言って、結果的にそれが「当たり」だったというようなことが連続する人は「運がよさそうに見える」。そういう人はたぶん他の迷っている人よりも決断までの時間が短いんだと思います。さっきの好きな人の名前の実験と同じで、気分がちょっと高揚している。気分そのものは採用した選択肢の適否にはかかわりがない。でも、採択した解を「成功させる」上では大きなファクターです。いやいや採択した解や迷いながら採択した解よりも、「これだ！」と言って断定的に採択したものの方が実現可能性が高い。当たり前ですよね。

「運がよさそうに見える人」の選んだ解はそうでない人が選んだ解よりも成功する確率が高い。選んだ時点では一緒なんです。その後変わる。「運がよさそうに見える人」の選んだ解は、周りの人も「これはたぶん成功するんだろうな」と思って関与することになるから、その分だけ仕事がスムーズにいく、合意形成も進む。だから成功する確率が高くなる。

情報というのは、僕たちが情報だと思っているよりもっと多くのものを含んでいる。そして、センサーの感度のよい人は実は情報そのものではなく、「情報についての情報」を同時に入力している。それが「情報リテラシー」と呼ばれるものです。

僕たちが自分がよく知らないことについてメディアから情報を伝えられた場合、それがどれくらい信頼できるか自分で判断しなければならない。でも、そのことについて自分の手持ちの情報に基づいて正否を判断することはできない。だって、それは自分が「知らない話」なんですから。「知らない話」だけれども、それについて正否の判断を誤るとたいへんなことになる。そういう場合、僕たちはその情報が差し出される仕方、その情報を伝える人間を見る他ない。その情報がどれくらい確信をこめて語られたのか、その情報を伝えた人間はこれまでこういうケースでどれくらい信頼性の高い情報を伝えてくれたのか。そういう「情報についての情報」を見る。「運がよさそう」というのは一種の「情報についての情報」なんです。

(4)「事後的にわかる」知性

ブリコルール

自分が知らないことについて知ることができる能力というのは、危機的状況とか、資源が有限なときに発揮される能力です。これについてはクロード・レヴィ＝ストロースが非常におもしろいことを書いています。レヴィ＝ストロースはブラジルの奥地でインディオたちと何ヶ月かを過ごして、そのときの見聞を踏まえて、後年『野生の思考』という文化人類学の名著を書くわけですけれど、その本の冒頭に「ブリコルール」(bricoleur)という人物類型のことが書かれています。ブリコルールというのは、ふつうのフランス語だと、そこらへんにある物を使って家具を作ったり、椅子を直したり、屋根の修理をしたりという、そういう器用な日曜大工のことです。本格的な材料と本格的な道具を使ってものを作るのではなくて、手近なあり合わせの道具と資材を使って何かを作る。そういう仕事を「ブリコラージュ」(bricolage)といい、そういう仕事をする人のことをブリコルールと呼ぶ。そして、レヴィ゠ストロースはブラジルのマトグロッソで新石器時代と同じような採集生活をしているインディオたちをブリコルールと見立てたのです。

インディオたちは二十五人ぐらいのバンドで生活していて、荷物をすべて担いでジャングルのなかを移動する。ジャングルで何かをみつける。これを持っていこうと思うと袋に入れる。自然物であれ、人工物であれ、ゴミであれ、「これ」と思うと自分たちの資産に加える。でも、手で運ぶわけですから、持ち歩けるものの量は限られている。ですから、資産に加えるものは厳選しなければならない。

興味深いのは、彼らが目の前にある何かを目に留めて、それを資産に加える時点では、それがいったい何の役に立つのかについての見通しが立っていないということです。何かしたいことがあって、それに使う資材や道具をずっと探していたというのではない。彼らはジャングルのなかで何かを見つめる。それと「目が合う」。そして、こう思う。「こんなものでも何かの役に立つかもしれない」(Ça peut toujours servir)。そして、しばらくして、この拾ってきたもの以外のいかなるものをもっても代えがたい固有の使途を見出すわけです。「ああ、あのときこれを拾っておいてよかったなあ」という局面に遭遇する。

一瞬のうちにスキャンする力

このブリコルールの感覚というのは、われわれが合理的に考えている「必要なものを調達する」という発想とまったく違います。何かをしようという計画があって、そのためにはこの資材が足りない、この道具が足りない、この技術がない、この能力を持った人間がいない、そういうふうに考えて、それを満たすものを探す。これがふつうの「リクルート」のやり方ですね。人間を雇うときに「即戦力」というのは典型的なこの発想です。「してもらうべき仕事」があらかじめ決まっていて、その鋳型《いがた》にかちりとはまる人間を探す。

ブリコルールの発揮する能力はそれとはまったく逆のものです。そのものが蔵している潜在可能性に反応している。それは何に使うものかわからない。どういう局面で自分がこれを必要とすることになるかわからない。でも、いずれ「これを拾っておいてよかった」と思う自分のことがリアルに想像される。たぶん何かが目に留まったとき、僕たちはそのものの蔵している潜在可能性、その使い道について何十、何百、何千という可能性を一瞬のうちに走査しているんだと思うんです。そのなかの何かが「ヒット」する。棒が一本あるときに、その棒の使い道について一瞬のうちに何百通りというケースが脳内を走る。それで地面を掘っているところとか、何かを殴りつけているところとか、杖にして歩いているところとか、小舟の棹《さお》にしているところとか、ワニに食われかけたときにワニの口に突っ込んで一命を取り留めたところとか……。そのときに一番たくさん使い道を思いついて、かつこれ以外のものでは代替できない決定的なケースを想起できたものが優先的に選択される。そういうことじゃないかと思います。人間の脳というのは本来、それぐらいのことは簡単にできちゃうはずなんですよ。

「何かありそうなところ」をかぎつける

現代文明はこうした人間の潜在能力を過小評価していると思います。知らないことを知っている、心身のすべての機能を総動員して、自分たちの生き延びるチャンスを最大化しようとしている。それが生きる力だと僕は思います。

今日は大学の先生とか、研究者の方も何人かいらっしゃると思いますけれど、本来の学術研究って、こっちのほうに行ったら何となく「いいこと」がありそうな気がするというような無根拠な直感に導かれて進むものですよね。何かいいことが起こりそうな気がするからってある研究テーマを選んで、それでけっこう大きな発見をしたりした。

でも、今はもうそういう研究スタイルは不可能になりました。国立大学の独立行政法人化によって、研究者は中期計画として自分がこれからやる研究の全行程についての見通しを述べて、何年後にどのような成果が上がるのかを事前に開示しなければならなくなったからです。自分の研究がどんな成果をもたらすか、研究を始める前に数値的な根拠を示さなければならない。二〇〇六年ぐらいから、そういうシステムが導入されていったんです。でも、それは知性というものの本質を知らない人間の考え出したシステムだと僕は思います。だって、ほんとうにクリエイティブな知性って、自分が何を研究しているのか、よくわからないうちに大発見・大発明をするものなんですから。

でも、そういう「自分が何をしているのかわからない研究」「これを続けるとどこに出るか今は言えない研究」についてはもう予算がつかなくなりました。そしたら、何が起きたか。これは簡単に想像がつきますね。学術論文の点数が一気に減少したのです。中国にも抜かれて、この十年下がり続けている。なんだか面白そうだからやってみようというような大雑把な研究スタイルが根絶されてしまった。直感とか「匂い」とかいうもので研究することが許されなくなった。そうやって、日本における知的なイノベーションは終わってしまいました。

今ある度量衡では測れないのがイノベーション

イノベーションって「そういうもの」なんです。自分がどうしてこんな研究をしたいのか、こんなこと調べているのか、言ってみろと言われても言えない。危険を察知するセンサーと同じです。危険の切迫を察知するセンサーは「自分の生きる力を減殺《げんさい》するもの」の接近に反応する。それと同じように、生成的なものに反応するセンサーがある。何か生成的なもの、生命力がみなぎっているもの、自分自身の生きる力を賦活《ふかつ》するもの、そのようなものが接近してくると、肌がざわざわとしてくる。そこに吸い寄せられてゆく。それが何であるかわからないけれど、「それに近づいてゆきたい」ということは直感的にわかる。

でも、今の日本の学界では、そういう直感は「存在しない」ということになっている。イノベーションというのは、手持ちの度量衡では考量できないような種類の価値の生成のことなんですけれど、今やっているのは、「そのイノベーションは、いくらの利益をもたらすのか」ということだけです。どれだけの予算を投入したら、どれだけのリターンが期待されるか、その費用対効果だけが問題にされている。でも、手持ちの度量衡では考量しえないような新しい価値が、手持ちの度量衡でしている算盤《そろばん》勘定から生まれるはずがない。イノベーションというのは、「こんなものがこの世にありうるのか」と驚愕するような種類のものの生成のことなんですから。

日本の学術がひどいことになったのは、市場原理が導入されたせいです。すべての学術の価値が最終的にそれがどれだけの貨幣をもたらすかを基準に査定されている。この研究はいくらの儲けをもたらすのか。それが最優先で配慮される。教育研究に予算を投じる以上、迅速かつ確実なリターンだけが問題なんです。あと二十年くらい続けると「大化け」するかもしれませんというような研究に予算は絶対につきません。

今や学術の世界でも、貨幣という度量衡が活動の全域を覆い尽くそうとしている。最終的に「いくらになるのか」という査定基準が最も合理的であると信じている人たちが日本中にひしめいている。政治家も官僚も財界人もメディアも、そんな連中ばかりです。

宗教的知性と科学的知性は本質的に同じもの

僕が現代は霊的な危機の時代だというのは、別に宗教に問題があるということじゃないんです。宗教的知性と科学的知性というのは、本質的には同じものなのだけれど、それがともに衰えているということなんです。

宗教的知性というのは、目の前に展開しているさまざまな自然事象、一見するとランダムに生起しているように見えるものごとの背後に、神の摂理、超越者の計画を直感する能力のことです。宇宙のすべてを貫くひとつの階調的な秩序が存在するということについての直感的確信を持つことです。

神の摂理が存在する。宇宙のすべてを統御している理法が存在するという宗教的な覚知と、万象の背後には数理的な秩序が存在するという直感とは構造的には同じものです。科学的な探求というのは、一見するとランダムに生起しているかに見える現象に、一定のパターンがあることを直感し、その法則性を発見することです。その積み重ねです。科学的知性の根本にあるものも、目の前に広がる現実世界の背後には美しい数理的な秩序が存在するということへの直感です。科学的知性にはそれが見える。なぜか直感できる。

この見えざる秩序を直感的に覚知するという経験が宗教的知性と科学的知性をともに基礎づけている。それがなければ宗教も科学も成り立ち得ない。でも、今の日本社会はこのような直感を相手にしない。エビデンスが示されないものは端的に存在しないものに分類される。そうやって学術的な生産力が急激に低下している。この劣化のカーブは日本人の宗教性の劣化のカーブと同型的だと僕は思っています。

事後的にわかるということ

二〇一一年に亡くなったアップルの創業者のスティーブ・ジョブズという人がいます。

彼がスタンフォード大学で卒業生のための演説をしていて、それがYouTubeの画像にアップされていて見ることができます。よいスピーチでしたので、僕は何度か繰り返し見ました。

そのなかでジョブズが非常に大事なことをふたつ言っています。ひとつは、「点をつなぐ」(connecting the dots)ということです。彼はリード大学という私立大学に入ったけれど、半年でドロップアウトしてしまった。退学したけれど、することがないので、大学近くの友人の家に居候して、授業をもぐりで聴講していた。

そのとき彼が何気なく選んだのがカリグラフィーの授業でした。カリグラフィーというのは、日本でいったらお習字ですね。さまざまな書体をきれいに書いていくという授業に、なぜか心惹かれて、そこでしばらく授業を盗聴した。

自分がどうして大学をドロップアウトした後カリグラフィーの授業にもぐっていたのか、ジョブズがわかったのは、それから十何年した後です。最初のマッキントッシュのパソコンを作ったときに、ジョブズは「フォントを選択できる」ことを標準仕様にしました。それまでパソコンの文字の書体はひとつしかありませんでした。でも、ジョブズは、マッキントッシュのコンピュータでは、フォントを選択できるだけでなく、字間も自動調整できて、文字がきれいに見えるようにした。

「マイクロソフトというのはアップルの真似しかしないから、もし僕らがフォントの選択、字間の自動調整という標準装備をマッキントッシュに搭載しなかったら、今も世界中の人はフォントという概念を持たず、相変わらずすべてのコンピュータが同じ字体をディスプレイに映し出していたかもしれない」、そうジョブズは言っておりました。

なぜ大学をドロップアウトした後に、カリグラフィーの授業を聴いているのか、その時点では彼自身にも自分がしていることの理由がわからなかった。でも、十数年経って、パーソナルコンピュータを設計したときにはじめて「ああ、私はこれがしたかったのか」ということがわかった。ある時点で振り返ったときに、回顧的に自分がどういう点を辿ってここに至ったのかが見えた。

自分が今していることの意味は今はわからない。人はいつでも計画的にものごとをしたがる。まずこれをやって、それからこれをやって、これをやると、あそこに到達するだろう。そういうふうに考える。でも、実際には現時点から予測的に未来を見通すことはできない。自分が今していることの意味は事後的に振り返った瞬間にわかる。後ろを振り向いたときに（looking backward）、はじめて「点がつながる」。

ブリコルールの場合と同じく、未来に向かう直感が何を直感していたのかは事後的にしか解明されません。自分があることを達成した後になって初めて、その達成のために自分がどんな行程をたどってきたのか、そのプロセスひとつひとつの必然性がわかる。これはあらかじめ工程表を作成して、出発点から到着点までを一望俯瞰《ふかん》して、このプロセスにはこういう意味がありますとあらかじめ言えるという知性の働きとはまったく違うものです。言ってもいいけれど、自分が今していることと未来の自分の達成の間の相関を今ぺらぺらとしゃべれるような人間は決してスティーブ・ジョブズのような人間にはなれません。今のような研究計画の書き方を強制している限り、そのような大学からはほんとうにイノベーティブな才能は絶対に出てきません。

ジョブズはスタンフォード大学の卒業生に向かってもうひとつ、こんなことを言っています。「君たちにとって一番たいせつなのは、それは自分自身のハートと直感を信じる勇気を持つことだ」(The most important is to have the courage to follow your heart and intuition.)と。この言葉のなかでは僕は「勇気」という言葉に深く納得しました。

ジョブズは一番たいせつなのは、あなたの心と直感に「従うこと」ですと言ったのではなく、一番たいせつなのは、あなたの心と直感に「従う勇気を持つこと」ですと言ったのです。心と直感に従うためには勇気が要るんです。というのは、みんなが「心と直感に従って生きる人間」に向かって「それはおかしい」と言うからです。「お前は間違っている。他の人はそんなことをしない。みんなと同じようなことをしろ」と。そういう無数の妨害を押しのけて、自分の心と直感に従おうとするためには勇気が要る。

その後にジョブズはこう続けます。なぜ心と直感に従わなければいけないのかというと、「あなたの心と直感は、あなたがほんとうは何になりたいかをなぜか知っているから」(They somehow already know what you truly want to become)。

なぜか知らないけど、知っている。これは真に創造的な仕事をしてきた人ならではの、経験に裏打ちされた言葉だと思います。自分の心と直感に従いなさい。なぜなら、それは自分がほんとうは何になりたいのか、どこに行きたいのかということを、「なぜか」(somehow)知っているから。なぜ知っているかはわからない。今も言えないし、途中でも言えないし、終わってからも言えない。でもなぜか自分がほんとうは何ものになりたいのかを知っていた。

封じ込められる力動的な知性

「知っているはずのないことを知っている」という逆説こそ、実は人間知性の最大の特徴です。ソクラテスはこれを「メノンのパラドクス」と呼んだことがあります。ソクラテスはこう問います。なぜ問題というものが存在するのか。もし、問題の解決法がわかっているのであれば、それは問題としては意識されないであろう。逆に、問題の解決法がまったく見当もつかない場合も、それは問題としては意識されないであろう。われわれが「これは問題である」と意識するのは、それが解決できるということはわかるのだが、どうやれば解決できるのかはやってみないとわからないもののことである、と。

これは人間の知性のありようをみごとに語っていると思います。われわれの知性はつねに運動状態にある。運動している以上は、どこかに向かっている。でも、それがどこであるかは到着するまでわからない。しかし、どこかに向かっている以上、それがどこであるかを識閾《しきいき》下では知っている。知性はつねに、このような過渡的な状態、二重化された状態にあります。科学的知性も、宗教的知性も、この「知っていることを知らない。知らないけれど知っている」という知性の力動的な本態の人間的な現われであると僕は思っていま す。現下のさまざまな制度は知性のこの力動性と開放性を抑圧しようとしています。それに抗《あらが》ってどうやって知性を賦活するのか、それがこの集中講義を貫くひとつの問題意識になるのだろうと思います。

第二章　人間社会に迫りくるもの

（1）「心」の発見

「不惑」の本来の意味

「心」という概念が発明されたのは歴史的にはかなり最近のことだそうです。紀元前五世紀ぐらいに、人類はわれわれが今使っているような意味での「心」という概念を獲得したのだということを能楽師の安田登さんに教えていただきました。それ以前は心という概念は存在しなかった。確かにジュリアン・ジェインズの『神々の沈黙』やスティーヴン・ミズンの『心の先史時代』のような進化心理学の本を読むと、古代人の意識のありようは現代人とはだいぶ違っていたもののようです。そして、あるときに「心」という概念が生まれて、今の僕たちの心性に近いものが出現してきた。

僕たちはすでに心を持っていて、現に心が機能しているシステムを使って思考したり、感じたりしている。ですから、心がない時代、心が機能していなかったときに、人間はどんなふうにものを考え、感じたのか、世界はどんなふうに見えていたのか、想像的に追体験するのは不可能とは言わないまでも、かなり難しい仕事です。

安田登さんと「心の話」をしたのは、『論語』にある「四十而不惑」という句の解釈について話していたときのことです。「我十有五にして学に志し、三十にして立つ」というあれです。そのなかに「四十にして惑わず」という言葉があります。この「四十にして惑わず」という句を僕たちは「人間も四十歳になったら腹が決まってきて、もうあまり迷うことがなくなる」というふうに通俗的には解釈しています。でも、これは前後の文脈からするとおかしいんです。「五十にして天命を知る」わけですから、四十歳ではまだ自分がどちらに向かっているのか、はっきりわかっているわけじゃない。「惑い」のうちにあるに決まっている。だとすると、「不惑」というのはどうも僕たちが理解しているのとは意味が違うんじゃないか、と。

問題は「惑」に含まれている「心」なんです。中国の古代文字の研究者でもある安田さんの説によりますと、『論語』の時代には心という語はまだなかったのだそうです。だから、これは本来「惑」じゃなくて、「或」と書かれていたはずである、と。「不惑」じゃなくて「不或」。「或」の原義は「戈《ほこ》をもって口、すなわち城郭を守る。國はさらに口を加えた形。或を國の意に用いる。或、域、國はもとは一字」と白川静先生の『字通』にはあります。

要するに、「或」というのは周りをきびしく城壁で囲って閉じこもった状態をいうわけですね。ということは、「四十にして不或」ということになると、この句の意味はまったく逆になってしまいます。四十になったら、自分の檻《おり》を破って、「人間とはこういうものだ、世の中というのはこういうものだ」という思い込みを離れよ、と。孔子はそう教えていたことになります。「惑わず」どころじゃない。自分がそこに囚われている固定観念を捨てよ。それが人間四十歳のときの課題である。そういうことですね。自分で作った限界を超えてブレークスルーすること、それが「不或」の本来の意味ではないかという、驚嘆すべき解釈を安田さんにうかがいました。それを聞いて、確かにそうだよなと得心した記憶があります。確かに安田さんの解釈の方が『論語』の読み方としては筋が通っている。十年後が「知命」であるなら、その前の十年はいろいろ試行錯誤するはずですから。

生まれいづる心

「心」という字がつく漢字は他にもたくさんあります。安田さんによると、それはどれも人類史的に見て最近になって発生したものらしい。例えば、「怒」、「悲」、「慈」、「怨」。

僕たちは「怒り」や「悲しみ」や「慈《いつく》しみ」や「怨《うら》み」といった感情が自然物のように人

間のなかに内在しているというふうに思い込んでいますけれども、どうやらそうでもない。アモルファス（不定形的）な内部の感覚が分節されて、輪郭の鮮明な一個の感情として立ち上がってきて、それを名指したり、再現したり、他者の感情として想像したりできるようになったのはかなり最近の話、紀元前五世紀ぐらいのことだったのです。

むろん、心のなかの出来事ですから、学術的に証明することは困難です。でも、僕はこのアイデアにはかなり心を揺さぶられました。発生的には、怒りとか、悲しみとかいう感情は実体として存在したわけじゃなくて、もっと曖昧で、どろどろと不定形的で、身体感覚と混ざり合った生々しいものだったんじゃないでしょうか。それを分節して、概念化することによって、喜怒哀楽のような基本的な感情がもともと人間にレディメイドで備わっていたという「お話」を作っている。

でも、実際には、人類は進化の過程で、心理状態の分節線をだんだん増やしていった。感情はそれにつれてしだいに細分化されるようになった。実際に古代中国でも、心性の複雑化にともなって、心部の漢字は急増します。愛、悪、患、感、忌、愚、恐、惚、愁、想、怠、恥、忍、秘、忘、悶、癒、慾……数え上げると切りがありません。これらの語はいずれも「心」の発見以後にできたものです。「愛」の上半分は「後ろを振り返る人間」の象形です。それに「心」を加えて「後顧の気持ち」を表したのが、愛。「悪」の旧字「惡」

の上半分「亞」は棺《ひつぎ》を収める部屋の象形で、凶事、凶礼を意味します。それに「心」を加えて禍々しさの心情を表したのが、悪。「愚」の上半分は「禺」に近く、「二竜相交わる」の象形。竜蛇の動作ののろのろして機略に乏しい状態が「愚」。というように、そこらへんにある自然物を指示する漢字に「心」を付け加えると「〜のような心情」を表すことができるようになりました。つまり、「心」という文字を手に入れることによって、それまで表象できなかったさまざまな感情や気分や様態を言い表すことができるようになった。「感情」という語そのものも、どちらも「心」を含んだ漢字でできています。つまり、「感情」という概念それ自体が「心」とともに人間たちの語彙《ごい》に登録されたものなわけです。感情というのは自存しているものではなく、それを表記する記号の出現と同時に分節された。記号の富裕化と感情の複雑化は同時的に生起した。そういうことだと思います。

思いが先か記号が先か

このあたりから昨日の話につながるわけですけれども、経験的にいっても、言語記号によって主題化できる、輪郭のはっきりした概念として取り出すことのできる思念や感情と、それができないものがある。非分節的な、未だ思念にも感情にも結晶化していない、記号的に表象できないけれど、確かに自分のなかに息づいているものがある。記号の体系が揃《すく》い上げ切れない不定形な、星雲状のかたまりがある。

記号体系と「未だ記号体系に登録されていない意味」の間には、絶えざる往還が存在します。言葉を持たない感覚があるとき言葉を持つ。逆に言葉だけ知っているけれど、どういう感じだかわからない感覚が不意に実感される。非分節的な情動や思念が記号を獲得するということがあり、逆に空虚だった記号が思念や感情によって「充塡《じゅうてん》」されるということが起きる。

果たして思いが記号に先行するのか、記号が思いに先行するのか、これはなかなか決しがたい。記号は自己増殖することができるからです。

記号は内容によって充塡されなくても生み出すことができる。まず言葉だけがあって、それがあるときに意味によって充実される。僕たちが言語を習得してゆく過程というのはまさしくそうだと思うのです。まず「思い」があるわけではない。まず「言葉」がある。あるとき、それまで空疎な空気の波動に過ぎなかった「言葉」が不意に「意味」によって実感的に裏打ちされる。「ああ、この言葉はそういう意味だったのか……」ということがしみじみ腑《ふ》に落ちる。そういう経験を僕たちは言語の習得過程で繰り返します。子供の頃でも、本を読むと「怒髪《どはつ》天を衝《つ》く」とか「血涙《けつるい》を絞る」とか「断腸の思い」とか「肺腑《はいふ》を抉《えぐ》られる」というような表現に出会うことがあります。子供にはもちろんそのような表現を裏づける身体実感がない。でも、言葉だけは記憶される。そして、あるとき、怒りのあまり頭皮が充血したときに「これが『怒髪天を衝く』か」ということを知る。そういうふうに言語習得の場合には、まず実感の裏づけを持たない記号が先行的に学ばれ、その後身体実感がその空虚を埋めてゆく。そういう順序で記号と意味は富裕化してゆくのだと思います。

当然、その逆もあります。ある年齢に達して、十分な語彙を獲得した後には今度は「思いあまって言葉足らず」という状況に遭遇することがあります。ある種の非分節的な思念や感情が渦巻いていて、それが記号的に固定化されることを切望している。名づけられることを求めている。それを名づけないと、人に伝えることができないし、記憶して後から「再生」することもできないからです。ですから、その場で思いつかれた新語であっても、それと同じ「未だ名づけられざる思念や感情」を共有している人たちはそれを聴けば一瞬のうちに、どうしてその人がその語を創造したのか、その消息を理解できる。「こういうことが言いたいのか」ということがわかる。

今の若い人たちは「やばい」という形容詞を「たいへん快適である」という意味で使います。僕はそういう使い方があることを知りませんでした。野沢温泉の露天風呂に入ったときに、後から入ってきた大学生らしい二人連れが湯に浸かった瞬間に「やっべ〜」と絶叫したので、ああこの言葉は「そういう意味」で使われるようになったのかということがすぐにわかりました。「真逆」という言葉も、初めて聞いた言葉なのに頭のなかに文字が浮かんで、意味もすぐにわかりました。「せいはんたい」より「まぎゃく」の方がなんだか力強いなあというニュアンスの差も瞬時に了解できた。

思いを記号に分節する「心」

「心」というのは、この非分節的な星雲状態の思念や感情を記号に繰り上げるときの「架橋」装置だったのではないかと僕は思います。

再び『字通』を見ます。目の前に具体的なものがある。廟中《びょうちゅう》に座して何か必死に祈っている人がいる。その象形文字の下に「心」をつけると「心に憂えることがあって祈るような心情」すなわち「怨」という新しい感情が分節される。呪具を掲げ神を迎え、送るさまをあらわす象形文字の下に「心」をつけると「神に対して恐懼《きょうく》する心情」すなわち「恐」という新しい感情が分節される。

心という文字要素は、すでに存在している周知の仕草や儀礼と、その営みを働かせ、基礎づけている「思い」を関連づける連結装置だったわけです。耳を真っ赤にしている人がいる。では、その仕草をあらしめている心情を「恥」と名づけよう、と。おそらくはそのようにして、「心」の発見は単に心情を示す用語を急増させたというにとどまらず、心情分節のための一種の万能の装置を見出したということになりました。

　心が発見されたのが、約二千五百年前のことです。ほぼ同時期にユダヤ教、仏教、儒教といった今に伝わる宗教体系が成立する。この間には間違いなく何らかの関係があったと思います。つまり、厳密にいえば「心」というのは概念ではなく、概念を生成する装置、いわば「メタ概念」だからです。

　それまで人間はその生物としての欲求や、集団的な規範に従って生きてきました。生活のための道具もあったし、宗教儀礼もあったし、芸能もあったし、政治もあった。でも、それらの営みを主体的に担っている人たちはその時々の自分の「心情」を分節してはいなかった。喩《たと》えていえば、古代の人は一本の棒を持って、それを農具として穴を掘り、猟具として獣を狩り、遊具として、呪具として、あるいは武器として使ったけれど、それはつねに「一本の棒」であった。同一物が文脈によって現れ方や機能を変えるだけで、物質的には同一のままであった。同一のままでなければならないという「縛り」があった。ですから、例えば「猟具として特化する」のなら、先端を尖らせて、軽量化した方がずっと便利なのだけれど、それだと農具としての使い勝手が悪くなる。だから、かたちを変えることは許されない。同一物の「使い回し」、レヴィ＝ストロースが「ブリコラージュ」と呼んだ道具へのかかわり方は「個別的な使途のために特化する」ということを許してくれないのです。

だからこそ「心」の発明は人類史的に画期的な事件だったといえるのだと思います。つまり、今の喩えでいえば、「心」の導入によって、農具として使う時の棒と、猟具として使うときの棒と、呪具として使うときの棒を別のものに分化して、それぞれの固有の使途に従ってかたちを変えることができるようになったということです。例に引いた「一本の棒」というのが、非分節的で不定形的な情動や思念のことです。「心」の導入によって、それまで区別されていなかったものを個別化し、概念化し、さらに細分化することができるようになった。そのようにして人類は操作できる感情や観念の数を一気に、爆発的に、増やしてきたのです。

(2) 人間集団が生き延びるための四つの柱——裁き、学び、癒し、祈り

人間が生きられる領域と生きられない領域

「心」は「言葉にならないもの」を「言葉」に変換します。でも、「心」は実体ではあり

ません。機能です。「かたちのないもの」と「かたちのあるもの」を媒介し、架橋する機能です。

人間たちがふだん暮らしているのは、この「言葉」の世界です。「語り得るもの」によって充たされた世界です。人間はここにしか暮らすことができません。「心」が媒介する向こう岸は人間が生きられない領域です。「生きられない」というか、向こう岸に行った人間はもう因習的な意味での「人間」ではないからです。ある種の生物ではあるでしょうけれど、もう人間ではない。

人間が生きられる領域と、人間が生きられない領域があります。現実と夢想といってもよいかもしれません。原生林のなかにわずかに切り拓かれた開拓地のようなものとして人間の世界があります。森のなか深くに入ってしまうと、もう戻って来られない。そのまま森のなかに棲み続けることもできないわけではないけれど、時間が経つとそれは人間ではないものになってしまう。「森」と「耕地」の間には境界線があります。いくつかの人間的制度がこれを切り分けている。それが「裁き」と「学び」と「癒し」と「祈り」のための制度です。この四つの柱が、人間たちが共同的に生きることを可能にします。集団存立の必須の条件ですから、このなかのひとつでも欠けたら、もうそれは人間の集団としては存立しません。想像してみてください。司法、教育、医療、宗教のどれかひとつでも欠いたまま今に生き延びている社会集団が存在するでしょうか。

裁きの基準は属人的であってはならない

裁きというのは集団内部における理非曲直《りひきょくちょく》の争いに裁定を下すことです。いずれの言い分に理があるか、集団的に合意された法規範・法形式に基づいてことの正否を決する。「一番力の強い人間がすべてを決する」というルールを好む人もいるかもしれません。確かにそうすれば決定のための時間は劇的に短縮できます。けれども、これは制度として安定的ではありません。「一番力の強いものが理非の判定者である」というルールを採用してしまうと、この裁定者の力が衰えてきたり、裁定者が死んだときには裁定が不能になるからです。でも、どんな強者も病気になるし、怪我もするし、必ず加齢して、いつかは死にます。その「空位」を迎えるたびに「誰が最強か」を決定するために「最強者の地位請求者」たちの間で非妥協的な抗争が起きる。しばしば集団はそうしたコンテンダーたちの率いる派閥に分裂します。「空位時代」が長く続いた場合、集団は分断され、集団としての力を失い、生き延びることが難しくなる。

裁きの基準が個人の寿命を超える長さをもって継続しないと「裁きの基準」としては機能しない。日本国憲法の前文には、日本国民は「ここに主権が国民に存することを宣言し、この憲法を確定する」という不思議な文が含まれています。この「国民」は生身の個人ではありません。それは仮想的な存在です。憲法を起草したり、その条文の適否を審議したり、宣言したり、確定したりした「日本国民」は具体的な人間としてはどこにも存在しません。それは仮想的に「そういうものがある」と想定された存在です。例えば僕が「私はここに主権が私に存することを宣言する」と述べることは意味をなしません。それはこの「私」が主権者として不適切にふるまうことが予想されるからではなく、端的に「私」には生物学的寿命があるからです。可死のものに国家の主権を委ねることはできません。主権を担い得るのは、個体の生き死にとはかかわりなく継続する制度だけなのです。

集団がかなりの期間安定的に維持されるためには、個人の強弱や賢愚とはかかわりなく機能し得る裁きの基準がなければなりません。人間たちが集団的に生きるようになって、最初にできたのは、メンバーたちの間で起きた利害対立の調停のための「裁きの制度」だったと思います。等権利的なメンバーの間で紛争が起きた場合に、誰かしらが理非を決さなければならない。では、その資格を持つのは誰でしょうか。それは個人を超えた、集団的な規範を深く内面化したと想定される人物です。「裁き人」は集団的な規範を内面化しています。個人としての「自分ひとりの利害得失」とは別に「集団としての利害得失」を考量することができる。おのれのなかに公私の分裂を抱え込んでいる人です。

「義理と人情をはかりにかけりゃ」という『唐獅子牡丹』の歌はうっかり聞き逃してしまいそうですけれども、「自己利益」と「公共の福祉」の間での葛藤を語っているのです。このふたつの原理の間で葛藤できるということは、この人がすでに分裂を抱え込んでいるということです。私人としてはこうしたいが、公人としてはこうせねばならない。そういう分裂に苦しむ人間だけが「裁き人」たる資格を有している（実際に高倉健演じる花田秀次郎は物語の最後では「裁きの執行者」となり、観客は熱い共感の拍手を送ることになります）。

公私の矛盾に引き裂かれている状態に耐えうる人間、それが「裁き人」であるための最初の条件だったと僕は思います。むろん、僕の創見ではありません。ジュリアン・ジェインズがそう言っているのです。

集団の針路を照らす「神の声」

ジュリアン・ジェインズの『神々の沈黙』は意識の進化についての驚嘆すべき知見を伝える研究書です。ジェインズによれば古代人は現代人がするような意味での「思考」をしていませんでした。『イーリアス』に出てくる動詞を子細に検討した後、ジェインズはこう書いています。

「意思という概念とそれを表す言葉もない。この概念は、ギリシア思想では発達するのがなぜか遅かったからだ。そのため、『イーリアス』に出てくる人々には自らの意思がなく、何よりも自由意思という概念そのものがない[*1]」

では、彼らはどうやって行動したのでしょうか。「神々」の声に従ったのだというのがジェインズの仮説です。

「行動は、はっきり意識された計画や理由や動機に基づいてではなく、神々の行動と言葉によって開始される[*2]」

「神々の言葉」は単なる「アイデア」ではなく、脳内に朗々と響き渡る声でした。

「『イーリアス』の英雄たちはその言葉と指示をはっきりと聞き取ったのだった。その鮮明さにかけては、ある種の癲癇《てんかん》患者や統合失調症患者が聞く声や、ジャンヌ・ダルクが聞いた様々な神の声に少しも劣らない[*3]」

「遠い昔、人間の心は、命令を下す『神』と呼ばれる部分と、それに従う『人間』と呼ばれる部分に二分されていた[*4]」

「二分心」(bicameral mind)の発生をジェインズは「ストレスの回避」に求めます。新しい状況に投じられて行動の決断をしなければならないということがあります。例えば、攻撃すべきか迂回すべきか、進むべきか退くべきか、いずれの道を取るべきか、誰の指示に従うべきか。答えのない問いの前で立ち尽くしたとき、古代人は「神々の声」を聴きました。

いずれか決定しがたい二者択一に繰り返し遭遇させると「意思決定のストレス」でマウスの胃にはすぐ潰瘍《かいよう》ができます。人間でも事情は同じです。いずれが正解か決定しがたい岐路に繰り返し立たされているうちに人間の生命力も衰えてきます。判断に迷い、葛藤することに疲れた状態で先の見えない現実のなかに飛び込むことは、ときには命にかかわるリスクです。それよりはむしろ決断を「誰か」に丸投げして、その指示の通りに確信を以て行動する方がストレスは軽減し、その分だけ生き延びる確率は高まる。ごくプラグマティックな判断です。

神々の働きは「新しい状況下でどう行動するかを考え、指示すること[*5]」だったのです。「神々は人の神経系、おそらくは右大脳半球を占め、そこに記憶された訓戒的・教訓的な経験をはっきりとした言葉に変え、本人に何をすべきか『告げた』のだ[*6]」

集団が公的な「裁き」の審級を持つに至った消息はこの「二分心」のアイデアを適用するとよくわかります。集団成員がてんで勝手に自己利益を追求した結果「とんでもないことになった」事例と、集団の公共的な利益を優先させたために「みんなが助かった」事例についての「訓戒的・教訓的な経験」の蓄積、それが「神々の声」の発生源となります。もちろん、「神々の声」を聴き取る感受性にはかなりの個人差があったはずです。「神々の声」がはっきり聴き取れる人、その身体を通じて「一般意志」が湧き出てくるように見える個体が長老や預言者や族長に擬され、彼らが裁き人に任ぜられた。そういうことの順序ではなかったかと思います。裁き人に求められた資質は属人的な知性の鋭さというよりはむしろ「公共我」に憑依されやすい体質だった。

以上、「裁き」という制度の発祥についての個人的仮説を申し上げました。「一般意志」という言葉がフランス革命のキーコンセプトであったことを思い出していただければ、「神々の声を聴く」古代的な力がかたちを変えながらも現代にまで続いているということはご理解いただけるだろうと思います。ともあれ、裁きなき社会集団は存在し得ないのです。ジュリアン・ジェインズによれば、そんな集団では成員全員に「潰瘍」ができてしまうからです。

教育の受益者は誰か

次に学び、「教育」制度が来ます。どのような社会集団であっても、次世代の集団を担う若い人たちに生き延びるために必要な知識や技能や情報や見識を与えておかなければ集団は継続できない。どれほど小規模な集団でも、どれほど原始的な生産様式の集団でも、子供たちには必ず生き延びるための技術を伝えた。もし、子供たちを怠け、遊ぶに任せていたら、いずれ大人たちが死んだ後、生き延びるための知識も技術も学ばなかった子供たちは餓死するか、強力な異族に殺されるか、奴隷になるか、いずれにしてもあまり愉快な未来は期待できなかったでしょう。ですから、集団の存続のためには、大人たちにとっては教育を授けることが、子供たちにとっては学ぶことが公共的な義務として観念されていたのです。

現代の教育についての議論を聞いていて強い違和感を覚えるのは、教育の受益者は「子供たち自身」であるということを当然のことのように人々が話をしていることです。レベルの高い教育を受けると、子供たちはそれだけ「いい思い」ができる。いい学校を出て、年収と威信の高い職に就いて、レベルの高い配偶者を得て、リッチでシックな生活ができる、と。いい学校に行かないと、それがかなえられない。だから勉強しなさい。そういう話になっている。これはどう考えてもおかしい。集団を支えるだけの見識と能力を備えた「頼りになる次世代」を安定的に確保することが教育の目的です。教育の受益者は子供自身ではありません。子供たちを含む共同体全体です。だって、一定数の「頼りになる大人」が安定的に供給され続けなければ、集団は滅びてしまうからです。

でも、そういう文脈で教育を語る人はいません。教育を受けるのは、そうすることが自己利益を増大させるからだとみんな信じている。確かに一面ではそうかも知れません。でも、一面ではまったくそうではない。例えば、「オレは自己利益なんか増やしたくない」

と言い切る子供たちの前でこのロジックはまったく無力です。自分は子供のままでいい、と。無知のままでいい、と。社会的能力がゼロでもいい、と。その方が「自分らしい」から、それでいい、と。そういう理屈を立ててくる子供の前で利益誘導はまったく無力です。「インセンティブ」というのは「みんながそれを欲望する」からこそインセンティブなのであって、「別にそんなの要らない」という人間がぞろぞろ出てくればもうインセンティブとしては機能しない。そういう無欲な子供だけではありません。「みんなが欲しがるものをもう所有している」という場合も、やはりこの子供を自己利益の増大で「釣る」ことはできません。だって、もう持っているんですから。親が大金持ちで権力者であるという場合もそうですし、例えばかちゃかちゃとキーボードを叩いてネットで株取引や金融商品の売り買いをして巨額の資産を得たという十六歳の子供が「もう死ぬまで遊んでいられるだけの金を手に入れたから、後はハワイでゴルフして、エーゲ海をクルージングして、モナコのカジノで豪遊して過ごすわ」と言い出しても、それを諫《いさ》めるロジックがない。学びを自己利益で動機づけようとすれば、このような「欲望の希薄な子供」と「欲望が熱死した子供」たちを学びに差し向けることができません。

それが第一の難点。第二の難点も同じように教育の土台を掘り崩します。もし、教育が教育を受ける人間の自己利益を増大させるためだけのものであったとしたら、学校教育に税金を投じる理由がなくなるからです。教育を受けたことの利益がもっぱら本人にのみ還元されるのであれば、なぜ他人が税金でそれを支援しなければならないのか。受益者負担の原則を適用するなら、すべての教育経費は自己負担すべきだということになります。事実、公教育の導入時にアメリカではブルジョワたちが「なぜ貧乏人の子弟の教育にわれわれの納めた税金を投入するのか」という激しい反対をしました。アメリカは伝統的に「セルフメイドマン」、自分の力で自分を作り上げてゆくタイプの人間を尊重します。もし学問が人間を作り上げる上でほんとうに重要な要素であるなら、就学機会は誰の支援も借りず、おのれの手だけで獲得すべきである、と。われわれは刻苦勉励《こっくべんれい》して、この地位を得て、これだけの家産を積んだ。だから、それを使って子弟を学校に通わせる。一方、貧乏人たちはわれわれほど努力をせず、才能もなかった。だから、その子供たちに学校教育を受けるチャンスがないとしても、それは自己責任である。そういうロジックです。今でも、リバタリアンはそういう自己決定論的教育観を保持しています。

「グローバル化」教育の帰結

そして、今の日本で一番問題なのは、学校教育の受益者が本人であるという立場から、「だったら、日本の学校には行かない」という選択をする人々が急増していることです。

お金のある人はスイスやアメリカ東部のボーディングスクールに中学生のときから子供を通わせています。それほどお金のない人はシンガポールや香港のインターナショナルスクールへ。もう少し節約したい人はマレーシアやフィリピンやインドネシアのインターナショナルスクールへ子供を送り込んでいます。子供のときから英語で授業を受けておけば、将来社会的な立身で有利になるというアナウンスを信じてそうしているのです。

でも、これは教育が「集団の存続のための柱」だということをまったく忘れてしまったことの帰結です。子供を海外の学校にやる親たちが、子供にはそのままコスモポリタンとして生きてもらうという覚悟があればけっこうです。あるいは、留学先の国でそのまま就職して、そこで家族を持って、日本には盆と正月に帰省するくらいで、孫とは日本語が通じないけれど、それこそ国際人だと大喜びするというのならけっこうです。でも、そうじゃないでしょう。外国にやるのは、英語で学位を取ってきたら「戻って来た後、日本国内で箔《はく》がつく」と思っているからではないですか。

でも、中学から海外に出て、海外の大学で学位を取って日本に戻ってきた子供たちは日本社会を担う頼りになる次世代になるでしょうか。僕は「ならない」と思います。だって、考えてもみてください。「こんな国で学校教育を受けたらバカになる」という理由でわざわざ海外に出たんですよ。戻って来て、日本の会社で働き始めたら、周りで働いている「日本で学校教育を受けたせいで英語ができない」上司や同僚や部下は、定義上全員「バカ」なんです。彼らのために一肌脱ごうじゃないかとか、身銭を切っても日本を住みよい国にしようとか、思いますか。僕は「思わない」と思います。

彼らは日本に対する嫌悪感と軽蔑をバネにして、けっこう苦労の多かったはずの海外での生活に耐えてきたんです。その個人的努力が「するだけの甲斐があった」と思えるためには、周りの日本人を見下して、ことあるごとに自分の能力の高さと国際性を誇示しなければ間尺に合わない。つまり、ものすごくイヤな奴にならないと「苦労した元が取れない」んです。別にその人がいい奴かイヤな奴かという個人的資質の問題ではなく、教育を投資行動だと考えた場合には、日本の学校に通うという「投資効率の悪い行動をとった人間」に対して優越的にふるまうことを義務づけられるんです。それは日常的にはことあるごとに「だから日本はダメなんだよ」と舌打ちまじりにつぶやくというかたちで現れることになるでしょう。彼らもかなり不幸だけれど、周りの人間はさらに不快ですよね。

ですから、今流行りの「海外で中等教育を受けて、その後箔をつけて日本に戻る」戦略は構造的に失敗すると僕は思います。育児雑誌なんかはうれしげに特集してますけど、そういう流行にほいほい乗る親たちは自分が「日本に対して何の愛情も、敬意も、責任感も持たない子供」を作り出すことになるかもしれないというリスクを過小評価していると思います。考えてもみてください。子供たちが大きくなってまっさきにバカにするのは「日本で教育を受けた親」に決まっているんですから。

成熟を禁止する日本の教育

学校教育の目的は、繰り返し言いますけれど、僕たちが共同的に暮らしているこの集団の「頼りになる次世代」を作り出すことです。教育の受益者は集団それ自体なのです。

こういうことを言うと「だから、愛国心教育が必要なのだ」というようなとんちんかんなことを言い出す人がいますけれど、よく聴いてくださいね、僕は「頼りになる次世代」と言っているんです。どれほどファナティックに愛国的であろうとも、「公共の福祉」ということがわからない人間には次世代は任せられません。「オレは愛国者である。お前はオレと意見が違うので、非国民、売国奴である」というような頭の悪い推論しかできない人間はいくら年寄りでも禿《は》げていても腹が出ていても子供です。そんな諸君には集団の舵取りは委ねられません。先ほど「裁き」のところでも申し上げましたけれど、集団において「公的機能」を担うのは、「葛藤することができる人間」だからです。

個人の思いと一般意志の間で引き裂かれることに耐えられるだけの精神力の強さがないものは公人にはなれませんし、なるべきではありません。シンプルな政治的イデオロギーを信奉していて、公私あらゆる局面を、同じ論法、同じ言葉づかい、同じマナーで通したい、その方が「楽」だからというように考える人間は年寄りであっても子供です。

今日本では「どうも最近の子供は権利意識ばかり強くて困る。もっと義務感を教えて、公共心を育成せねばならない」というようなことを言っている人がいますけれど、この人たちは要するに「自分の言うことを聴く子供」が欲しいだけなんです。「自分の頭で考え、判断する大人」が欲しいわけじゃない。国民には批評的知性なんか持って欲しくない。「右向け右」と言ったら一晩中でも右を向いていて、どうしてそうしなければいけないのかと理由を訊ねたりしない子供を大量に備給して欲しいだけなんです。

それは彼らとその仲間たちが起草している「『英語が使える日本人』の育成のための行動計画」とか「グローバル人材育成戦略」とかいう文章を読めばよくわかります。そこには「企業の収益を上げるために有用な人間」になることの必要性はうるさいほど書いてありますが、日本社会を担い得るだけの市民的成熟を果たした次世代を育成するという政策目標については一言も書かれておりません。みごとに一言も。「市民」という語も、「共同体」という語も、「成熟」という語も、それどころかそのような教育政策の下で育てられる子供たちの個人的な「幸福」についても、一言も書かれていない。書かれているのは「政治的上位者と市場の要請に即応できる使い勝手のよい人間になれ」ということだけです。

ただそれだけ。

教育の商取引化

このような教育行政からの文書が子供たちの「成熟」についても「幸福」についても一言も費やさないのは、「学ぶことの意味や有用性」は国民全員がすでに熟知しているという前提に立っているからです。教育というのは「買い物みたいなもの」だと、教育行政を司る側も教育を受ける側もそう信じている。お金を出して商品を買うことについては誰でも知っている。知っているなら説明不要だということなのでしょう。

教育が商取引なら、確かにその通りです。何のための制度なのか、説明の必要はありません。商取引においてはプレイヤー全員が「自分が何をしているのか熟知している」という前提が採用されているからです。市場に商品を買いに来た消費者が売り手に対して「私はいったいここで何をしているのでしょう？　なぜ、ここにいるのでしょう？　あなたは私にとって何なのでしょう？　あなたが私に差し出している『それ』は何ですか？」というような質問を向けるということはあり得ません。消費者は売り手が扱っている商品について、その価値や使い勝手や競合商品と比べたときの費用対効果についてなどの技術的な質問はしますけれど、「どうして私はこれを買わなければならないのか、その理由を教えてください」とは問いません。消費者が要求するのは、これから自分が買うかもしれない商品についての一覧的な情報開示だけです。費用対効果がよい教育サービスであると子供が納得したら、子供は学び始める。教師も子供も保護者もメディアも文科省の役人たちも、そういう図式のなかで教育を考えている。

でも、この商取引モードで教育活動を行うということになると、教育は「子供にでもその有用性や価値がわかるもの」を目標に掲げる以外になくなります。当然ですね。「消費者にはその有用性や価値がわからないもの」は商品としての条件を満たしていませんから、市場に陳列されることがない。市場原理を学校に導入すれば、「子供にでもその価値がわかるもの」しか教育プログラムには採択されません。六歳児にもその価値がわかるのは権力と金銭と社会的威信程度でしょう。そういうものを持っていると「いいこと」があるらしいというのは小学生でもわかる。それ以上のことは大人にならないとわからない。大人にならないとわからないことは子供にはわからない。だから、「大人にならないとわからないこと」は学校教育のプログラムから組織的に排除される。

教育を市場の言葉で語ることの致命的なピットフォールはここにあります。市場では消費者は「何に価値があるのか、何が有用であるか」についてすでに熟知しているということが前提になっています。「マーケットは間違えない」というビジネスマンが大好きな言葉はその消息を伝えています。でも、子供たちが「教育において価値があること、有用なことについて、学ぶに先立ってすべてを知っている」という前提を採用したら、もう教育は成り立ちません。子供たちのその幼い価値観、そのしけた「ものさし」で考量できる以外のものは端的に「存在しないもの」とみなされる。子供たちは永遠の幼児性のうちにとどまり、六歳児の価値観を死ぬまで持ち続けることを強制される。「学ぶこと」を禁止されるのです。学びを市場の言葉で語るものは、子供たちが幼児性から離脱し、成熟の歴程を歩むことを制度的に禁止しているのです。そのことにもう少し恐怖を感じてよいのではないかと僕は思います。

学びというのは自分の手持ちの価値観ではその価値を考量できぬもののうちに踏み入ることです。具体的な知識や技術を学ぶことではなくて、「自分にはそれが何を意味するかわからないもの」に敬意と好奇心を以て接近する作法を学ぶことです。「学ぶ」というのは「学び方を学ぶ」ことです。

生き延びるために弱者を生かす

そして、集団を支える第三の柱が「医療」です。あらゆる社会集団は成員のなかの最も弱い者が快適に、自尊感情を維持しつつ生きられるように制度設計されています。もし、病気の者、怪我人、障害者、幼児、老人など生産性や機動性が低い個体は「要らない」から棄《す》てるということをルールにする集団があったとしたら、その集団は一世代後には消滅しているでしょう。なにしろ老人も幼児も全部棄ててしまうんですから。

集団を存続させようと思っていたら、成員中の最も弱い者でも支援できるという制度にする必要がある。人間というのは、幼児のときは自分では栄養補給もできないし、歩けもしない。狩猟も農耕も漁撈《ぎょろう》もできない。老人になれば、手足が不自由になって、やはり周りの人間から支援介護されなければ生きてゆけなくなる。健康なつもりでいても、不意に病気に罹《かか》るし、怪我をして重い障害を負うこともある。そういう社会的弱者は僕たち全員にとって「かつてそうであった自分」「いずれそうなる自分」「高い確率でそうなったかもしれない自分」であるわけです。そういうふうに考えることができれば、弱者支援というのは、他者を支援しているわけではなく、「自我の変容態」、時間差を置いて自分自身を支援しているのだという理屈が腑に落ちるはずです。

共同体というのは、それを構成している多数の細胞が集まってひとつの生体をかたちづくっているという「幻想」抜きには成り立ちません。細胞ごとに機能が違う。場合によっては寿命も違う。自分をそういう多細胞生物を構成する一細胞であるというふうに認識できれば、病んでいる人、傷ついた人を癒《いや》すのは集団にとって優先度の高い課題だということはわかるはずです。

医療を壊す「患者様」マインド

けれども、この「癒し」の働きも、現代社会ではずいぶん変質し、劣化しているように見えます。第一の理由は医療をビジネスだと考える人が支配的多数を占めるようになったからです。患者は「消費者」であり、「医療者」は「医療サービスの売り手」であると考える人たちがいます。消費者はその本性としてできるだけ安い代価でサービスを受けようとし、売り手はその本性として商品をできるだけ高額で売りつけようとする。そのせめぎ合いが医療であり、市場の淘汰圧にさらされることで最も高品質で、低価格の医療サービスだけが生き残り、結果的に消費者は大きな利益を手に入れるのである。だから、患者が医療機関に対して、クレームをつければつけるほど医療の質は上がる。本気でそう信じていた人たちがいました。

さすがにまるごと市場の淘汰圧に委ね、クレーマーたちを跳梁跋扈《ちょうりょうばっこ》させるに任せていると、医療機関そのものが消滅して、受診機会までが失われるという現実を前にして、市場原理主義者も最近おとなしくなりましたが。それでも、少し前までは「『患者様』と呼びなさい」というような指示が厚労省から実際に出されていたのです。「患者様」はあきらかに「お客様」の言い換えです。患者は消費者である。クライアントに選好される医療サービスを医療機関同士で競わせれば、すべては解決する。そう信じていた官僚が思いついたのでしょう。結果的に何が起きたのか。

これはある大学病院の看護部の部長さんから直接うかがった話ですけれど、僕がその大学に講演で招かれて、お茶を供されていたとき、「患者様と呼びましょう」という大きなポスターが看護部の壁に貼ってあった。怪訝《けげん》に思って「これは何ですか?」と訊ねると、「厚労省からの指示です」とおっしゃった。そして苦笑しながら、「看護師たちが『患者様』と呼ぶようになってから、大きな変化がありました」と教えてくれました。「院内規則を破る患者が増えたこと、看護師に暴言を吐く患者が増えたこと、入院費を払わずに退院してしまう患者が増えたこと」。僕はしばらく呆然としていましたが、よく考えたらこれは実に合理的なリアクションだったということがわかりました。患者たちは自分のことを「お客様＝消費者」だと思ったのです。

消費者の仕事は極言すればひとつしかありません。できるだけ少額の貨幣で、できるだけ価値の高い商品を手に入れることです。院内規則の遵守や、看護師への敬意は彼らには「貨幣」のようなものに思われていたのです。だから、できるものなら払わずに済ませたい。ですから、院内規則を破り、看護師に暴言を吐き散らし、入院費を払わなかった「患者様」

は最少の代価で医療サービスをゲットした「最も賢い消費者」として自らの消費行動の適切さを誇っていたはずなのです。

もちろん、こういうのは一部の患者だけがそのようにふるまい、残りの患者がおとなしく規則を守る限りは「得をした」気分になれるかもしれません。でも、みんながそういうふうにしたら、病院は無秩序な空間になり果て、看護師はバーンアウトし、病院は赤字になって閉院してしまう。そうやって「病院をひとつ倒産させた」ことをわが消費者運動の功績にカウントする人もまれにいるかも知れませんが、医療機関が閉鎖され、受診機会が減ることで得をする人間はふつうはいません。でも、実際にはそういう「患者様」のおかげでいくつもの病院や診療科が閉鎖されました。

最初のボタンの掛け違えは医療を商取引のタームで考えたことです。医療は「集団内部の最弱者を支援するための制度」です。病人や怪我人に手当てをし、老人を介護し、幼児を養育し、妊婦を保護するための制度を持たない集団は存在しませんが、それは別に豊かな博愛精神に駆動されてしているわけでもないし、金儲けのためにやっているわけでもありません。プラスのインセンティブがあるからではなく、そうしなければ集団が滅びるからそうしているのです。そのことを勘違いしている人が多い。

学校教育も同じです。子供を成熟させなければ集団が保《も》たないからそうしているのです。

子供がかわいいからするのでも、教育がビジネスチャンスだからするのでもありません。そうしなければ集団が滅びるからそうしているのです。

裁き、学び、そして癒し、それが集団存続のためになくてはならない制度であるということの理路はここまでの説明でおわかりいただけただろうと思います。でも、それだけでは足りません。共同体が生き延びるためには、もうひとつ欠かせない「根源的な動詞」があります。それが「祈り」です。

祈りは人間が生きる力を高める装置

「祈り」にはいくつかの意味があります。宗教というのは人間が類人猿から分岐したときに獲得したものです。これは人間の「生きる力を高める」という目的をまっすぐめざした装置だったと思います。人間の生きる知恵と力を高めること、それだけを焦点化している。

昨日は原発に対して「そんなに熱くならないで」と祈っていた橋口いくよさんの話をしました。そのときに祈りというのは外界から到来するかすかなシグナルを聴き取るセンサー感度を最大化することだと申し上げました。

耳を澄ます。外部から自分に向かって到来し、切迫してくるものに耳を澄ます。外部から到来するというのは、それが「何だかわからないもの」だということです。名前がまだない。それが何であるかをいうことはできない。わかっているのは、「何かが自分の方に向かって切迫してきている」という実感です。それが彗星《すいせい》のように、たまたま自分の近くをすり抜けて、どこかに通り過ぎていくものであれば、そんなものについてセンサーが発動することはない。真っ直ぐこっちに向かってくることがわかるから反応するわけです。何かがこちらにやってくる。それに身体が反応する。「切迫してくるもの」は危険なものかもしれないし、友好的なものであるかもしれない。僕を傷つけるものであるかもしれないし、僕を強めるものであるかもしれない。それはまだわからない。プラスであれ、マイナスであれ、未知のものが外部から到来してくる。センサーがそれに反応して、アラームが鳴動する。心身の能力が最大化して、何が起きても対処できるように、スタンバイする。宗教というのは、この「外部から到来するもの」に応接するための最も効果的な技法なのだと僕は思います。

偶像崇拝が禁じられた理由

多くの宗教は偶像崇拝を禁じています。ユダヤ教もイスラム教もそうです。キリスト教も初期は偶像崇拝を禁止していましたし、釈迦も偶像崇拝を否定しています。宗教の本義に照らせば偶像を禁止するのは理にかなっていると僕は思います。偶像を作るということは「超越者」を視覚的に把持《はじ》可能な、世界内部的なものとして獲得することですから。なぜ偶像を禁止するのかというと、それは偶像を作ってしまうと、「未知のもの」の切迫という事態の本質である未知性が偶像によって減殺《げんさい》されるからです。

もちろん、像の造形によって、そこに「非人間的なもの」を現出させて、像によって超越的なものの外部性とか他者性とか未知性を表象するという、そういう考え方もあるのだろうと思います。でもやはり、それは宗教的初心者のための装置だと思います。

人間たちのいる世界とは別の世界に属するもの、「非人間的なもの」を宗教的な語彙《ごい》で言うと「超越者」ということになります。宗教者は「人間の世界」と「非人間的なものの世界」のはざまに立つものです。ですから「人間の世界」から離脱して、一時的にではあれ「非人間的なものの世界」に踏み入ったときにどうふるまうべきかについての十分な経験知を、宗教者たちは蓄積しています。

禅では「野狐禅《やこぜん》」と言います。深い瞑想状態に入って、人間的な条理とは別の境位に立ち至るということ自体はそれほど珍しいことではありません。病や薬物摂取によってもそのような状態になることがあります。そのとき、自分は人間的尺度から「解脱《げだつ》」し、宇宙の真理を会得したというような直感を得ることがあります。問題はそれがただの錯覚なのか、ほんとうの大悟《だいご》なのか、それを判定するための「人間的」基準は存在しないということです。「野狐禅」というのは、この言語化しがたい開悟の経験を人間的な言葉で引き取ってしまう「フライング」のことです。

中国宋代の禅僧無門慧開《むもんえかい》が著した『無門関』には四十八の公案が列挙してありますが、そのどれもが「開悟」経験をめぐるものです。無門はそれぞれの逸話を引いた後に、「悟ったというが、何を悟ったのか」「『この人は悟った』と古則にあるが、読んでいるおまえはその意味がわかって読んでいるのか」と畳みかけるような問い返しですべてを宙吊りにします。読者が「なるほど、わかりました」というふうに得心することを決して許さない。開悟の経験を既知の叡智的体験に引きつけて、その尺度で記述し、解釈することへの深い警戒心が全編に伏流しています。

有名な『無門関』第一則「趙州狗子《じょうしゅうくす》」は悟りの境地を形容して「啞子《あし》の夢を得るが如く、只《た》だ自知することを許す」（啞の人が夢を見たようなもので、ただ自分ひとりで嚙みしめるより他はない）[*7]とあります。

「それ」として名づけ、共有することができない経験。徹底的に個人的な経験であり、他者の理解や共感を得るために記号を迂回することを許さぬ経験。それが禅宗において修行者が通過すべき「祖師の関」であるとされます。

人間が「名前」というものを手に入れたのは一万年ほど前のことです。名前は「そこにないもの」を指称するための装置です。ですから、名前を手に入れることで、人間たちは「今ここ」に存在しないものを繰り返し再現するという能力を獲得しました。それによって人間の世界が構築された。ところが、禅は修行者に「人間の世界」が混沌から分離して成立するその生成の瞬間に立ち戻ることを要求します。名前が立ち上がる瞬間、そこに存在しないものが「名前」によって実在物のなかに繰り込まれる瞬間、人類が「名前」によって世界を分節し、「世界が立ち上がる瞬間」まで遡航《そこう》することを要求します。無門慧開はその人間世界の極北での経験を「啞子の夢を得るが如く」と書きました。自分が経験したことを言葉にして他者に伝えることができないということです。伝達や共感を諦めて、「自知」する他ない。

似たような古訓がもうひとつあります。第三則「倶胝竪指《ぐていじゅし》」（倶胝《ぐてい》指を竪《た》てる）というものです。倶胝和尚という名僧がいました。和尚はどのような挑発的な問いを向けられても、つねに指を一本立てるだけで応じました。和尚に仕える童子があるとき外来の僧に「ここの和尚はどのように仏法の肝要を説かれているのか」と訊ねられました。童子は指を一本立てて見せました。これを聞いた倶胝和尚は刃《やいば》をもって童子の指を切り落としました。童子が痛みのあまり号泣すると、倶胝は童子を呼び止めます。童子が振り返ると和尚は指を一本立てられた。その瞬間に童子は開悟した。そういう話です。

指を立てるというのは「記号」によって「思念」を表象するということです。倶胝はあらゆる問いに指を立てることで応じることによって、おそらくは「真に根源的な思惟は記号的に表象しえない」という事態そのものを表象してみせたのでしょう。童子はその「指を立てる」という倶胝の反記号的なふるまいを記号として操作したことによって罰せられました。「啞子」も「断指」も記号では代理表象できない経験が存在するという事実を反記号的なかたちで表している。僕はそんなふうに解釈します。

宗教がなぜ偶像を禁止するのか、ということについて話しているところでした。それは人知をもっては知り得ぬもの、人間の言葉をもっては語り得ないものと対面するという根源的な経験の絶対的他者性、絶対的未知性を無傷で保つためである、と。そういうふうに説明できるだろうと思います。ほんとうはこういうふうに「言葉にできないはずの経験」をすらすらと言葉で説明してはいけないのですが、僕が今問題にしているのは「超越的なもの」それ自体ではなく、「超越的なもの」とかかわるときの人間の側の作法についてですので、ある程度わかりやすく説明しても超越性を穢《けが》すことにはならないでしょう。

災厄を未然に防ぐ「歩哨」

ここまで述べてきたように、集団の根幹をなす四つの柱、裁き、学び、癒し、祈りのための制度というのは、いずれも「おのれの尺度を超えるもの」とどう応接するかという作法にかかわります。裁きは「神々の声」として現象する集団の「訓戒的」な規範を聴き取ることです。学びはおのれの手持ちの価値の度量衡では考量し得ぬものに近づくことです。癒しは「誕生と死」という人間世界と「その向こう側」とのインターフェイスに立つことです。祈りは人知の及ばぬもの、人語を以ては語り得ぬものと先入観を廃して向き合うことです。いずれも人間的な世界と非人間的世界の「あわい」にかかわる営みです。

この「グレーゾーン」には専門的知見を備え、そのために心身を整えたものが立たなければなりません。人間の賢《さか》しらが「人間が入ってはいけないエリア」に踏み込むことを制止し、反対に「非人間的なもの」が人間の世界に侵入して、人間的秩序を壊乱することを食い止める。そのためにこの境界線には裁き人がおり、教師がおり、医療者がおり、聖職者がいる。僕はそういうふうに考えています。そして、この境界線を守る人たちのことを「歩哨」(センチネル、sentinel)と名づけています。人間たちを「オフリミット」の向こう側に転落しないように見張ると同時に、外部から人間の世界に侵入してくるものをも見張る。双方向について境界線を守る人たちのことです。

太古において最初の人間集団が形成されたとき、最初の野営地でまずしたことは「境界線を守る人」を指名したことだと思います。寝ずの番をする人たちを何人か指名した。仲間の誰かが夜の闇のなかに引きずり込まれないように、夜の闇から「何か」が入り込んでこないように。実際に天候の急変や野生獣の来襲や異族の攻撃といった具体的な危険が想定されていたからというだけでなく、「人間の住むことのできる人間の世界」と「その外側」を切り分けるという象徴的な儀礼として「歩哨を立てる」ことは必須だったのだろうと思います。歩哨というのは十人のグループに一人くらいいれば十分です。全員が歩哨である必要はない。でも、誰も歩哨に立つ人がいないと、集団は存続できない。

サリンジャーの『キャッチャー・イン・ザ・ライ』で主人公のホールデンは「ライ麦畑のキャッチャー」になりたいのだと妹に話します。幼い言葉づかいですけれど、ホールデンはここでたぶん「歩哨」の仕事のことを言っているのだと思います。

ただだっぴろいライ麦畑みたいなところで、小さな子どもたちがいっぱい集まって何かのゲームをしているところを、僕はいつも思い浮かべちまうんだ。何千人もの子どもたちがいるんだけど、ほかには誰もいない。つまりちゃんとした大人みたいなのは一人もいないんだよ。僕のほかにはね。それで僕はそのへんのクレイジーな崖《がけ》っぷちに立っているわけさ。で、僕がそこで何をするかっていうとさ、誰かその崖から落ちそうになる子どもがいると、かたっぱしからつかまえるんだよ。つまりさ、よく前を見ないで崖の方に走っていく子どもなんかがいたら、どっからともなく現れて、その子をさっとキャッチするんだ。そういうのを朝から晩までずっとやっている。ライ麦畑のキャッチャー、僕はただそういうものになりたいんだ。*8

I keep picturing all these little kids playing some game in this big field of rye and all. Thousands of little kids, and nobody's around—nobody big, I mean—except me. And I'm standing on the edge of some crazy cliff. What I have to do, I have to catch everybody if they start to go over the cliff – I mean if they're running and they don't look where they're going I have to come out from somewhere and catch them. That's all I'd do all day. I'd just be the catcher in the rye and all.

「キャッチャー」は「ちゃんとした大人みたいなもの」が担う仕事です。子供たちは「クレイジーな崖っぷち」に向かって無防備に走ってきます。それをさっと「キャッチ」する。でも、子供たちは自分が助けられたことに気づかないで、そのまま走り去ってしまいます。「ありがとう」も言わずに。でも、「キャッチャー」はそんなことは気にしない。それが歩哨という仕事だからです。歩哨が立っていたおかげで実は「歩哨がいなければ起きたかもしれない」無数の災厄が回避された。でも、誰もそれを知らない（なにしろ、災厄は起きなかったのですから）。歩哨自身も自分がそれほどの功績を果したことを知らない。「何もなかったよ」と報告して「はい、ご苦労さん」と言われて終わりです（それさえ言われないかもしれません）。でも、そのような歩哨たちの、称賛によって報われることのない奉仕によって集団の安寧は保たれている。

⑶　四つの柱が今、攻撃に晒されている

政治とマーケットは、社会共通資本に関与してはならない

僕が「歩哨」と呼んでいるのは、何かを創り出すものではありません。集団を定常的に保つのがその機能です。存続させることが最優先かつ唯一の課題であって、それ以外のことはとりあえずどうでもいいんです。でも、このような「集団を定常的に保つ働き」の重要性が今の社会では忘れられているように僕には思われます。人々はむしろ成長すること、増殖すること、拡大することが集団の本義だと思っている。だから、集団を同一的な状態に保とうとする歩哨たちをむしろ憎み始めています。邪魔なんです。歩哨たちはいわば集、

団の惰性を人格化したものですから。「成長か死か」というような狂躁的なスローガンで浮き足立っている人たちから見ると、司法も教育も医療も宗教もさっぱり社会の急激な変化に対応していない。それが許せない。政治イデオロギーの消長や市場の株価の高下に即応して朝令暮改的にすべての社会制度が変化することが端的に「よいこと」だと彼らは信じているからです。

でも、これはほんとうに愚かな考え方だと思います。人間が共同的に生きてゆくためには「急減には変化しない方がよいもの」がたくさんあります。政権交代や株の値動きみたいな落ち着きのないものに連動させてはならないものを経済学者の宇沢弘文《ひろふみ》先生は「社会的共通資本」と名づけました。それなしでは人間が共同的に生きてゆくことのできないものとして宇沢先生は三つのカテゴリーを挙げています。

ひとつは自然環境です。大気、海洋、河川、湖沼、森林、土壌、こういったものは人間が生きていく上で必要不可欠なものです。これは何があっても定常的に維持しなければならない。二番目は社会的インフラ。交通、通信、電力・ガス・上下水道といったライフラインです。そして、みっつめに挙げられているのが宇沢先生が「制度資本」と呼ぶものです。司法、行政、教育、医療などの社会制度がそれです。宗教は宇沢先生のリストには入っていませんが、僕は「祈りのための場」は社会的共通資本にカウントしてもいいのではないかと思っています。

　宇沢先生はこう書かれています。「社会的共通資本は決して国家の統治機構の一部として官僚的に管理されたり、また利潤追求の対象として市場的な条件によって左右されてはならない[*9]」

　政権が交代するたびに教育や医療のシステムが変わっては困る。海洋や森林が私企業や個人によって私有されて、勝手に売買されたり、乱開発されては困る。社会的共通資本というのは個人の恣意《しい》にも、政治イデオロギーにも、市場の需給関係にもかかわりなく保全されなければならない。

　別に、個人の恣意はつねに邪悪であるとか、政治イデオロギーはつねに偏向しているとか、市場はつねに間違うとか、そういうことを言っているのではありません。そうではなくて、社会的共通資本は急激な変化を選好する仕組みに組み込まれてはならないということです。政治過程や経済過程はわずかな入力差が大きな出力差を生み出す複雑系です。ひとつの「レバレッジ」を噛ませるだけで地球的な規模でものが創り出され、破壊される。そのような不安定なシステムに「それなしでは人間が生きてゆけないもの」は委ねてはならない。大衆がどのような政治勢力に多数派を与えるか、投資家がどの株を買うかは予測不能です。そして、いずれもわずかな入力の変化が巨大なカタストロフを生み出すことがある。「そういうシステム」に、海や大気や、ライフラインや司法や行政や医療や教育を委ねてはならない。そういうたいせつなものは、入力変化に対する感応の遅い、惰性の強いシステムに委ねなければならない。

社会的共通資本は「職業的専門家によって、専門的知見にもとづき、職業的規範にしたがって管理・維持されなければならない[*10]」と宇沢先生は書かれています。政治イデオロギーと市場は社会的共通資本には関与してはならない。「それがなくては生きてゆけないもの」を私党や私企業が独占的に管理することは許されない。

十数年前、ボリビアで水道の経営を民間に委譲したことがありました。水道会社は収益を確保するために水道料を値上げし、それはついに労働者の最低賃金の二五パーセントに達しました。そして、住民暴動が起き、政府軍との衝突で多くの死傷者が出た後に再び公営事業に戻されました（これを背景にしたのが007の新シリーズ第二作『慰めの報酬』〔二〇〇八年〕です。水道事業によって私腹を肥やすグローバル資本主義者たちをジェームズ・ボンドがばんばん「退治」するお話です）。そのときに発せられた「水と生活を守る宣言」にはこういう文言があります。

「水は大地と全ての生物のものにして神聖にして犯す事ができないものであり、全世界の水資源は温存され、営繕され、保護されて子孫に伝えられ、その自然の状態が尊重されなければならない。水は人間の基本的な権利であり全ての政府機関によって公共性が保証されなければならない。すなわち、金儲けの手段になったり、民営化されたり、商業的に取引されてはならない」

この宣言は社会的共通資本の性格を正しく定義していると思います。人間にとって最もたいせつなものは「温存され、営繕され、保護されて子孫に伝えられ」なければならない。それを利用して政治的権力を行使したり、それを利用して金儲けをすることは許されない。それはいくぶんかは「人間の世界」に属しているけれど、やはりいくぶんかは「人間の手の届かない世界」に属するものだからです。ですから、それを管理する人たちは人間的領域とその外部の「あわい」に立つという職能に精通していなければならない。これらの仕事もまた「歩哨」の責務だということになります。

原発のような人間の手持ちの技術では制御できないテクノロジーを扱う技術者は本来、政治にも市場にも配慮すべきではありません。原子力技術を「核カード」として外交の切り札に使いたいという政治家や、コストの安い発電で収益を上げたいと願うビジネスマンと、原発技術者は立っている場所が違う。それは「歩哨」の仕事です。この制御のむずかしい巨怪なエネルギーに畏怖の念を抱き、それが人間の世界に侵入して、破局をもたらさないことを最優先の職務だと考える専門家がその場に立つべきなのです。今回の事故報道を通じて、僕が感じたのは政府にも東電にも、「原子力の歩哨」が必要だという発想がなかったということです。

人間が集団として生きていく上で必要不可欠な制度のうちには決して政治と市場が関与してはならないものがある。そのことを忘れてはならないと思います。別に僕は政治家は全員邪悪であるとか、ビジネスマンは全員強欲であるとか、そんなことを申し上げているのではありません。そうではなくて政治と市場は「変化が速い」ということが問題なのです。変化することそれ自体から推力を引き出し、生産性を引き出す、そういうプロセスなんです。高い支持率を誇った政治家がたちまち失墜するというのは当たり前の光景ですし、去年時価総額を誇った会社が今年は赤字にまみれているというようなことは日常茶飯事です。今年起業した株式会社のうち一〇〇年後に残っているのは一パーセントもないでしょう。そういうふうにめまぐるしい栄枯盛衰を生きるのが政治であり、市場であるわけです。変化から生命力を引き出すシステムがそういうものであることに文句を言っても始まりません。

しかし、朝令暮改的に変化してはならない制度もある。定常的であることが基本で、よほどのことがない限りは変化しないような惰性の強い制度が僕たちの生きている社会の基幹部分をなしている。家の土台と一緒です。インテリアや電飾や鉢植えはいくら換えても構わない。毎日変わった方がうれしいという人だっているかもしれない。でも、毎日家を壊して、毎日土台を変えるわけにはゆきません。社会的共通資本というのはそういうものです。社会の土台になるものです。それは軽々に変えてはならない。それは「歩哨」が守らなければならない。そして、現代日本が直面している最も深刻な問題のひとつは、社会を支えるこの四つの制度資本がいずれも政治と市場の激しい攻撃にさらされて、崩れかけていることです。

司法と医療と教育に対しては政治からも市場からもメディアからも激しい攻撃が仕掛けられています。告発事由はそれぞれに違いますが、言い分は一緒です。「社会の変化に即応して制度が変化していない」です。これに関してはすべての論者が一致しています。「社会的共通資本は急激な変化から社会を守るためにわざわざ惰性的に制度設計してあるのだから、それに対して『変化が遅い』という批判を加えることは筋が違う」というかたちで制度防衛の論を立てる人をぼくは見たことがありません。

宗教に対する攻撃はこれほどあからさまではありません。というのは、多くの人は宗教が社会制度を支える根幹的な制度であるというふうに考えていないからです。宗教はしょせん私事である。誰が何を拝もうと、どのような神を拝もうと、それによって世の中の動きには何の変化もない、そう信じている人が多い。

でも、それは違います。アメリカには国教がありませんし、有力な宗教政党もありません。しかし、初期マサチューセッツ植民地では市民権を得るためには教会で会衆の前で信仰告白することが義務づけられていた。今でもアメリカ国民の九五パーセントは「偉大なるもの」(something great) の存在を信じており、合衆国では信仰を持たない人間は「まともな市民」とはみなされていません。

日本でも事情は変わりません。アジア外交上では首相の靖国神社公式参拝が必ず問題になります。政治家たちはこれは私事であり、諸外国政府の知ったことではないと言い張りますけれど、現実には、それによって外交交渉が頓挫し、反日感情が燃え上がり、軍事衝突のリスクさえ語られている。外交や国防に影響が出ることを「私事」と呼ぶのは不適切でしょう。むしろ、宗教的なふるまいこそはしばしば際立って政治的な効果をもたらす。「英霊を鎮める」ための宗教的儀礼に中国や韓国の人々が傷つくのは、「日本の植民地支配・帝国主義的侵略によって殺され、傷つけられた自分たちの祖先の霊がそれを許さない」と彼らもまた感じているからです。中国も韓国も宗教国家ではありませんし、祖霊崇拝を国家行事にしているわけではありません。でも、日本の総理大臣が靖国神社に詣でて「自国の祖霊への敬意」を示す行為を「自国の祖霊を冒瀆《ぼうとく》」する行為だとみなす人たちがおり、彼らの宗教レベルでの適否判断がそのまま政策決定に反映している。

国家を存立させる「この世ならざるもの」

マルクスは一九世紀の中頃に、非宗教的な国家であるはずのアメリカが「とりわけ信心深い国」であることについてこう書いています。

> 政治的解放が完成した国においてさえ、われわれは、宗教がたんに存続しているだけでなく生気と生命力に溢れて生きているのを見るとすれば、それは、宗教の存在と国家の完成とは矛盾しないことの証明となろう。しかしながら宗教が存在するのは、なんらかの欠乏が存在しているからである以上、そうした欠乏の源泉を、われわれは国家そのものの本質のうちに求めるほかないだろう。[11]（強調はマルクス）

マルクスの論旨とは方向が違いますが、僕もまた宗教なしでは存立しえないという「欠乏」が「国家の本質」であることには同意します。国家というのは現世的なシステムです。けれどもそれが成り立つためには、それが民主国家であっても、独裁国家であっても、その存立の必然性を基礎づける「コスモロジカルな物語」を必要とします。アメリカ合衆国はごくプラクティカルな政治的状況と理知的な政治思想によって基礎づけられた国家ですが、その独立宣言を「支えている」のは「神の摂理による加護に対する堅い信頼」（a firm

reliance on the protection of divine Providence）です。
日本国憲法の場合も、実質的な起草者はＧＨＱの法律家たちですが、前文は「日本国民は」で始まります。この「日本国民」が「主権が国民に存することを宣言し、この憲法を確定する」わけですけれど、憲法発布に先立って「日本国民」なるものは法的にも実体的にも存在しておりません。一九四七年の憲法施行までは大日本帝国憲法が法律的には有効であり、その憲法下にある「帝国臣民」には「主権を確定する」ような権限は与えられておりませんでした。

独立宣言における「神の摂理」も日本国憲法における「日本国民」もどちらもそれなしでは国家が存立できない基礎的概念ですが、いずれもこの世のものではありません。事情は人類普遍の人権宣言を掲げて革命を戦ったフランスでも、「ローマ帝国の二度目のアヴァター」であることを宣言したナチス第三帝国でも変わりません。最も現世的なものであるはずの国家をコスモロジカルに基礎づけているのはこの世に存在しないものです。

問題はここにあります。国家は「この世ならざるもの」の支えなしには存立し得ない。それゆえ絶えず「超越的なもの」を現世的なかたちに変換して、政治過程に繰り込もうとする。政治家が切れる「カード」というかたちに具体化しようとする。でも、それこそは超越的なものの本質的な他者性、未知性を毀損《きそん》するふるまいに他なりません。だからこそ、それは繰り返し世界規模のカタストロフをもたらしてきた。

偶像崇拝の禁止とは、超越的なものを現実世界のうちに表象可能・理解可能・所有可能なものとして取り込もうとする企てに対する宗教の側からの拒否のことです。国家を基礎づける「超越的なもの」を「超越的なもの」にとどめおくだけの自制ができず、それを制御可能な政治的装置に縮減しようとするふるまいはまさに偶像崇拝に他なりません。ですから、「歩哨」としての宗教者の本務は、「超越的なもの」を「現世的なもの」に還元して、それを功利的に利用しようとする企てに繰り返し「否」を突きつけることでなければならない。僕はそう思います。本来宗教者が果すべき仕事は、「超越的なもの」と「現実的なもの」の境界線を守ることです。でも、今世界の宗教者たちは彼らに課されたこの「聖職」を果していると いえるでしょうか。

(4)「内通者」たるものは何か

七つの大罪

なぜ「歩哨」が立たなければならないのか。先ほど引いた『キャッチャー・イン・ザ・

ライ』のホールデン少年は「クレイジーな崖っぷち」(the edge of some crazy cliff) に立つ「おとな」がいなければならないと言っていました。その崖から落ちてしまう子供がおり、同時にその崖から這い上がってくる「何か」があります。「非人間的なもの」が人間世界に入り込んでくることを防止するのも「歩哨」のたいせつな仕事です。

けれども、「歩哨」であることには大きなリスクが伴います。それは彼が「非人間的なもの」とのフロントラインに立つがゆえに、それが人間世界に侵入するときの「ドア」としても機能してしまうということです。ホールデン少年はたぶん一時的にではありますが、彼を通じて「非人間的なもの」「邪悪なもの」が人間世界に侵入してくるときの「入り口」になってしまったのだと僕は思っています。彼が狂気の近くにまで接近して、深く精神に傷を負ったのは、「キャッチャー」の仕事がどれほど危険なものであるのかを彼が知らなかったからです。「おとな」でなければ務まらない仕事なのに、彼は残念ながら「おとな」ではありませんでした。

ホールデン少年のような存在がときに境界線を越えて侵入してくるものを呼び寄せてしまいます。機能的には「内通者」であるわけです。ある種の人間的な感情や人間的な思念が「非人間的なもの」「邪悪なもの」を呼び込む。

吸血鬼はなかからドアを開けないと入ってこられないという言い伝えがあります。これはある種の人類学的な知恵を教えてくれるものだと僕は思います。表から「入れてください」とドアを叩いても、なかからドアを開けないとヴァンパイアは入ってこられない。誰か中の人がドアを開けて、「どうぞ」と言わないと入ってこられない。これは「非人間的なもの」が人間世界に侵入してくるときの構造をよく表しています。

この「ドアを開ける」ふるまいのことを「罪」と呼びます。古代から知られている「七つの大罪」というものがあります。傲慢（pride）、貪欲（avarice）、嫉妬（envy）、憤怒（wrath）、貪食《どんしょく》（gluttony）、色欲（lust）、怠惰（sloth）の七つです。

古代から聖人たちや賢者たちが決して犯してはならない罪としてリストアップしたものです。これは何でしょう。僕はこれは「非人間的なもの」「邪悪なもの」が人間世界に侵入してくるときの「回路」だと思います。ここから「何か」が入ってくるのです。

大罪には共通する特徴があります。傲慢、貪欲、嫉妬、貪食、色欲、これらはすべて「自己肥大」の欲望です。傲慢というのは「自分がそうでないもの」のポジションを専有しようとすることです。自分が持っていない権力や威信や財貨や知恵について、「それを持っているもの」であるかのように、「いずれそれを持つ権利があるもの」であるかのようにふるまうことです。貪欲も同じです。自分が所有していないもの、所有すべきでないものに欲望を抱くことです。嫉妬もそうです。貪食、色欲もそうです。自分に割り当てられたものでは我慢ができない。あれも欲しい、これも欲しい。いくら手に入れても足りない。そういう欠落感が「大罪」をかたちづくっている。

憤怒や怠惰も、あるいは別の分類では「七つの大罪」にカテゴライズされる憂鬱（gloom）も実は構造的には同じものです。憤怒と怠惰と憂鬱に共通する特徴は何でしょう。それは「感染する」ということです。いずれも感染性の高い感情です。怒りの感情は一人にとどまらない。必ず周りの人間に感染する。怒りを自制しようとしても、どこかで「堪忍袋の緒が切れる」。怠惰もそうです。自己規律を失った人間がいると、周りの人間もいつの間にか自堕落になってゆく。だらしのない人間がもたらす無秩序は「きれい好き」や「働きもの」が創り出す秩序を必ず圧倒します。秩序を破壊することは秩序を創り出すことの百倍くらい簡単だからです。

この七つの大罪に共通するのは広がるという傾向です。古代の人間たちが人間集団を維持する上でも最も危険を感じたのは何なのか。それは「節度を超えて肥大化すること」です。個人が自分に与えられたポジションを踏み出し、自分に割り当てられた可動域を超えて、外に広がること。他の成員の場所を占め、他の成員に割り当てられた資源を奪い、他の成員が果すべき仕事を横取りすること。これを太古の人々は最も重い罪だとみなしました。

危険なものは、たいせつなものとよく似ている

危険なものが何で危険であるかというと、「危険なもの」と「大切なもの」が外形的には酷似しているからです。見るからに怪しげであり、忌わしいものであれば、そんなものに取り憑かれる人はいません。そんなものは遠ざけ、禁止すれば済む。でも、ここに挙げた七つの大罪はどれもそう簡単にゆかない。

例えば色欲。「色欲は罪だ」と口で言うのは簡単です。では、恋愛はどうするのか、結婚はどうするのか。恋人同士や夫婦のセクシュアルなかかわりを一律に禁止してしまったら、集団は再生産されません。だから、苦し紛れに「性交はしてもよいが、エクスタシーを感じてはいけない」とか「妊娠出産以外の目的で性交してはならない」といった規範が未だにさまざまな社会集団では残っているのです。でも、「色欲」と「健全な性欲」を外形的に識別することなんかできるはずがない。その境界線は限りなくグレーです。色欲について無数の神話があり、文学があり、映画があり、歌があるのは、極端な言い方をすれば、それらが「どこからどのあたりまでが人間集団にとって有用無害な色欲であり、どのあたりで色欲のもたらすリスクがベネフィットを超えるのか」についての無数のケース・スタディだからです。結論がないわけですから、それらの物語はエンドレスにならざるを得ない。

貪食もそうです。「食いしん坊」というのは人間集団を脅かす傾向ですが、人間集団が生き延びるためにはどうしても一定数の「食いしん坊」が必要です。というのは、人類の食文化の進化というのは、一言で言えば「不可食のものを可食化する」プロセスと、「他人が見るとゴミにしか見えないものを食べる」工夫の歴史に他ならないからです。食文化の多様化によって多くの人々が餓死を免れた。それは誰も目を向けなかった食材に目を付け、誰も思いつかなかった調理法でそれを可食化した人がいたからです。彼らは間違いなく貪食の大罪を犯しました。でも、同時に多くの同胞を救ってもいたのです。

傲慢も嫉妬もそうです。それは「向上心」の別名でもあります。「克己《こっき》」とか「自己陶《とう》冶《や》」とかいうのは、今の自分にどうしても満足できない人間のすることです。「オレはこんな程度の人間でいいはずがない」という自己嫌悪が人間に成長への推力を提供する。子供がみんな自分の「あるがまま」に自足して、「おとなになんかなりたくない」と公言していれば、そんな社会集団はたちまち滅亡してしまいます。成長するためには自分に与えられたポジションを不服に思い、自分に割り当てられた仕事では物足りないと思う必要がある。できないことを「やれる」と思い、自分よりはるか高みにいる人間を、「あそこに自分が立ちたい」と熱く見つめる必要がある。傲慢も嫉妬もそれなくして人間集団が成り立たない傾向の「過剰な様態」であるという他ありません。

憤怒だって、やはり「これは許せん」というような事態については激しく怒るということがあって当然です。どのような不正がなされていても、誰も怒らないような集団はこれもまたすぐに滅びてしまう。ですから、理非曲直をあきらかにしなければならない。となれば「正義の鉄槌《てっつい》」が下るということは、必ずある。そのとき、鉄槌を下す人間が「天に代わって不義を討つ」のだから、「これは公憤であって、私憤ではない」といくら言い張っても、一人の人間の怒りのなかに公私の別を立てることは事実上不可能です。子供を殴る親にも「社会規範を身につけさせるため」という言い分がある。それがゼロだとは言い切れない。怒りもまたどこまでが生産的で、どこからが破壊的なのか、その境界線の見きわめに客観的な基準はありません。

怠惰もそうです。限界を超えて勤勉であれば、身体も壊すし、精神も病みます。身体が「もう働かない方がいい」と生物としての生き残るためのシグナルを発信しているときに、それを無視すべきではありません。必要な休息が傍《はた》からは「怠惰」に見えるということは大いにあるでしょう。

「共身体形成」と自我肥大の境界

見てきた通り、「七つの大罪」はどれも人間が集団的に生きていく上で不可欠な傾向と裏表になっています。それは一言で言えば、自分と他者の間の境界線を曖昧にして、同化し、自他が一体化するプロセスにかかわります。自他の一体化が「自我による他者の支配・占有・収奪」であればこれは罪になる。でも、自他の一体化が「自分でも他者でもない、共身体の形成」というかたちを取るのであれば、それは集団にとって好ましいことになる。「共身体形成」という聞き慣れない言葉を今僕は使いましたけれど、これこそ人間の「心」の最大の機能であるわけです。他者の思考、他者の感覚に同期できる力です。他者が見ている図像が見え、他者が聴いている音が聞こえ、他者が触れているものが感知できる。この感覚共有に基づいて、自我と他者が幻想的な統一身体をかたちづくる。人類が他の霊長類と分岐したときに選択的に発達させたのは、この共身体形成能力だと僕は思っています。記号操作とか、道具使用とか、集団形成とか、いろいろ人類の特性は言われますけれど、最も際立った特性は思考と感情の同期能力だと思います。これが人間存在の根本的な傾向なのですが、それは自我肥大と紙一重である。わずかな手違いで、「他者との一体化」は「他者の包摂」に転化してしまう。

いったい、「自他の融合」と、「自我による他者の包摂」はどこが違うのか。その違いをどうやって検知することができるのか、どうやって暴力的な自己肥大を抑制できるのか、そのことを僕自身は若い頃からずっと考えてきています。印象的な言葉でしか言えませんが、他者と一体化した後に、自分の資源は富裕化した、力も増えた、知識も深まったが、自分自身は前と少しも変わらないという場合、それは共身体形成ではなく、ただの自我肥大だったことになります。

さまざまな経験を通じて、富裕化を遂げたけれど、本質的にはつねに同一的であり続ける主体をエマニュエル・レヴィナスはかつてギリシャ神話のオデュッセウスに喩えたことがありました。オデュッセウスは驚くべき遍歴を重ねますけれど、「その冒険のすべては、ただ故郷の島に帰るために通過されるだけ」だからです。そのような自我の肥大の仕方をレヴィナスは「他なるもの」(l'Autre)の「同一的なもの」(le Même)への還元と呼びました。

そして、オデュッセウスの物語にアブラハムの物語を対置しました。アブラハムは主の「あなたは生まれ故郷、父の家を離れて、わたしが示す地に行きなさい[*12]」(『創世記』十二章一節)という呼びかけに従って故郷を棄てます。

オデュッセウスの旅もアブラハムの旅も、冒険の旅であり、さまざまな他者たちとの出会いの経験であるという点では変わりません。でも、決定的な違いがある。それは自分の手持ちの度量衡では計量することのできぬもの、手持ちの認識枠組みには収まらないものに出会ったとき、自分の内側に対象を「取り込む」のか、自分自身を組み替え、他者の他者性を温存したまま「共生」するのか、その二者択一の違いです。レヴィナスはこう書いています。

絶対的に他なるもの、それが「他者」である。それは自我と同じ度量衡をもっては計量することのできぬものである。私が「あなたは」あるいは「私たちは」と言うときの集団性は、「私」の複数形ではない。私、あなた、それはある共通概念の個体化したものではない。所有も、度量衡の一致も、概念の一致も、私を他者に結びつけることはない。共通の祖国の不在、それが「他なるもの」を「異邦人」たらしめている。[*13]

他者の他者性、その異邦人性を温存したまま共生し、共身体を形成するアブラハムのやり方と、他者を自己同一性のうちに取り込んでゆき、冒険を通じて自我を富裕化するオデュッセウスのやり方の違いを哲学の言葉づかいだけで説明しようとすると、まことにわかりにくいものになります。僕はさいわい合気道という武道を稽古してきたので、武道的な術理として、「対立」か「同化」かという二者択一の身体実感はかなり鮮明にわかります。ここは武道理論を詳述する場ではありませんから、ごく簡単にしか触れられませんけれど、相手が自分に敵対しているという対立的なとらえ方をするというのがひとつのやり方です。相手がそこにいるせいで自分の可動域は制約され、自分の選びたい動線は狭まり、自分の発揮できる運動能力は減殺されている、だから、相手をどうやって「無化」するかを工夫する、それが対立的なとらえ方です。この考え方を敷衍《ふえん》すると、人間にとっての理想はこの地球上に自分以外の人間は誰一人存在しない状態だということになります。そうすれば、どこでも好きなところに行けるし、好きな動線を選択できるし、身体をいくら動かそうとしても誰もそれを妨害しない。でも、地球上に自分以外誰も人間がいない状態が「天下無敵」をめざす修業の到達点だとすれば、それはまたずいぶん寒々しい目標だということになります。

僕は「天下無敵」という武道の目標をそのようなものだとは考えておりません。そうではなくて、「敵というものがいない」状態だと考えたい。現実に僕たちが動いているときに、前に壁があれば立ち止まる。でも、僕たちはそのようにして方向転換したり、動線を変えたりすることを「敵に不本意な動きを強いられた」というふうにはとらえません。そんなのは当たり前のことですから、別に壁をにらみつけたり、その底意を忖度《そんたく》したりはしない。何も考えずにただドアノブを回して壁の向こう側に抜ける、それだけのことです。壁は確かにそこにあり、そのせいで僕の可動域も動線も制約されているけれど、あるんだからしかたがない。壁がない状態を「あるべき現実」と仮想して、そうではないことに苛立つというのは純粋な消耗です。

壁があれば、そこにもたれることもできるし、梯子《はしご》をかけることもできるし、そうしたければ絵を描くことだってできる。壁があるせいで「できなくなったこと」を数え上げるよりも、壁があるせいで「できるようになったこと」を数え上げる。それが武道的な考え方だと僕は思っています。

自分の前に自分ではないものが出現してきたせいで、「その人がいなければできたこと」ができなくなった代わりに「一人ではできなかったこと」ができるようになる。その「一人ではできなかったことが、二人いるおかげでできるようになった主体」がレヴィナスのいう「私たち」ではないか。僕はそんなふうに考えています。でも、「レヴィナスと合気道」というのは、五分や十分ではとても話し切れない大ネタですから、またの機会に譲りたいと思います。

「歩哨」の資質とは

共身体形成能力、それが「歩哨」の資質だと僕は思っています。医療者であっても、教育者であっても、宗教者であっても、あるいは司法官であっても、人間が住める領域の境界線を守る人に最も必要な資質とは、他者の感覚・思考と同期する力、あるいは同化する力です。ただ、それは自我を拡大することではない。自分たちの集団に外部から何か「見知らぬもの」が到来してくる。そのときに誰よりも早くアラームを鳴らすのが歩哨の仕事です。そのためにはセンサーの感度を上げていることが必要です。でも、それは自分の感覚をただ研ぎ澄ますということとは違う。ちょうど乾電池を直列でつなぐように、自分の周りにいる人たちの感覚と繋いでゆく。僕は「センサーの感度を上げる」というのをそういう共身体形成の営みとして理解しています。自分の視野ではここまでしか見えないけれども、隣にいる人には僕の視野より外のものが見える。自分の耳には聞こえない音が、向こうの方にいる人には聞こえている。外部から到来してくるものに対するセンサーの感度を最大化しようと思ったら、集団全員の身体を繋ぎ、感覚を同期させるのがたぶん最も有効な方法だと僕は思います。

　ですから、歩哨に立つ人はセンサーの感度をどこまでも上げられる人でなければならない。歩哨として自分が守っている同胞たちの痛みや悲しみをおのれ自身の痛みや悲しみとして感知できる人でなければならない。そのことを人類の黎明期に僕たちの祖先は何度も経験したのだと思います。歩哨に立ったはずの人が居眠りしたり、持ち場を離れたために野獣が入り込んできた、異族に攻撃された、天変地異を避けられなかったというようなことはたぶん何度もあったのだと思います。そういう苦い経験を積んだ後に、歩哨に立つべき人の資質について、経験知が蓄積されてきた。

それについて前に書いたものがあるので、ちょっと読んでみます。これは「伊丹十三と戦後精神」という演題で僕がした講演です。二〇一一年に伊丹十三賞を頂いたときに松山で講演したときのものです。伊丹十三という人の業績を「歩哨」として評価したわけですけれど、僕はこんなふうに話しました。

「僕は境界を守る人という言い方をするんですが、われわれの世界が人間的世界として成立するためには、人間的世界とその外部にある非人間的な領域を切り分けている境界線を守る人が必要である。そういう人がいなければならない。非人間的な領域からは、人間を汚し、損ない、傷つけるものが侵入してきます。それは邪悪なもの、暴力的なものという場合もありますし、あるいは、村上春樹が『1Q84』で描く〝リトル・ピープル〟のようなせこい悪意や、見苦しい弱さというかたちを取るときもある。さまざまな形象をとって、非人間的なものがわれわれの世界に入り込んでくる。それを境界線の向こうに押し戻す。誰かがその仕事を引き受けなければならない。弱さとか、憎しみとか、嫉妬とかは、人間的なものだ、というふうに皆さんは思っているかもしれません。でも、僕はそれは違うと思う。これは、人間世界に侵入してきた非人間的なものと人間的なものが出会ってできたアマルガムのようなものだと僕は思っています。そういった中間的な合成物を通じて、非人間的なものは人間たちの世界に侵入してくる。邪悪さや嫉妬や暴力や怠惰、あるいは自己憐憫、自己規律の弱さ、そういったものは、そこを通じて非人間的なものが侵入してくる回路なんです」

どうも最後まで抽象的な話のままで申し訳ありませんでした。話がわかりにくいのは僕自身がずっと同じアイデアの周りをぐるぐる回っているからなんです。今回の集中講義では、現代日本における霊的感受性の未成熟のもたらす問題を取り上げたいと思っているのですが、歩哨的な機能が今非常に痩せ細っているのが、その霊的未成熟の際立った特徴ではないかという気がします。

嫉妬や憎悪、あるいは自己憐憫や怠惰を自分に許す、そういう傾向が現代社会ではとりわけ顕著であるように僕には見えます。人を憎む気持ちを平気で公開する。嫉妬心を剝《む》き出しにする。自己規律の弱さを隠さない。そういう傾向が際立っています。そのこと自体はごくごく人間的な反応ですから、しかたがないのですけれど、それでも、そういう「罪」は必ず非人間的なものの培養器になってしまうということは意識しておいて欲しいと思うのです。自分の弱さや幼さや卑しさを認めるのは成熟のためには必要なことです。でも、それはひとつ扱いを誤ると「非人間的なもの」を人間世界に導き入れる「大罪」になる。そのリスクをもう少し真剣に感知して欲しいと思います。

注

＊1　ジュリアン・ジェインズ『神々の沈黙』、柴田裕之訳、紀伊國屋書店、二〇〇五年、九四頁

＊2　同書、九六頁

＊3　同書、九七頁

＊4　同書、一〇九頁

＊5　同書、一四七頁

＊6　同書、二四三頁

＊7　西村恵信《えしん》訳注『無門関』、岩波書店、一九九四年、二三頁、二六頁

＊8　J・D・サリンジャー『キャッチャー・イン・ザ・ライ』、村上春樹訳、白水社、二〇〇三年、二八六―二八七頁

＊9　宇沢弘文《ひろふみ》、『社会的共通資本』、岩波新書、二〇〇〇年、五頁

＊10　同前

＊11　カール・マルクス「ユダヤ人問題によせて」、徳永恂《まこと》訳、『マルクス・コレクションⅠ』所収、筑摩書房、二〇〇五年、一九二頁

＊12　本書日本聖書協会による新共同訳（一九八七年版）に拠った。以下、聖書からの引用は同様。

＊13　Lévinas, Emmanuel *Totalité et Infini – Essai sur l,extériorité* Martinus Nijhoff, 1961/1971, p.9

第三章　このメッセージは私宛である

こんにちは。今日は最終日になりました。初日、二日目と、話がどんどん散らかってしまい、いったいこの人は何を言おうとしているのか、いろいろとご不安を感じておられる方も多いと思います（笑）。今日はちゃんとまとめて、そうか、この人はこういう話をしたかったのかと腑に落ちるようにするつもりでおります。そのために、「これまでのあらすじ」をお話ししておきます。

第一日にお話ししたのは、「先駆的な直感」についてです。人間は知っていること以上のことを知っている。意識的に受信していると思っている以上のシグナルを、実際には無意識、潜在意識のレベルで受信し続けている。そういう識閾下のシグナルを総合的に編集して、そのつど判断を下している。だから、どうしていいかわからないというときも、どうしていいかわかる。どうふるまったらいいかわからないような状況に追い詰められていても、どうすればこの状況を切り抜けていけるかが直感的にわかる。そういう能力を僕たちは全員潜在的には持っている。

このような判断力を指すために、僕は「センサー」という言葉を使いました。感知できないはずの微細なサインを感知する力。これは生物が生き延びていくために必須の能力である。そういうことを「ブリコルールの知」といった言葉を使ってお話ししました。

二日目は、「人間的な領域と非人間的な領域」の話でした。人間的な領域に、外部から、非人間的なものが侵入してくる。昨日は自分が十分に咀嚼《そしゃく》し切れていないアイデアをそのまま放り出してしまったので、ご迷惑をおかけしましたけれども、不思議なもので、そういう生煮えのアイデアの方が、聴いているみなさんの反応はよいのです。そういうものなんです。自分がわかっていて、起承転結の整った話をすらすらよどみなく語っても、聴いている人の食い付きがよくないということはよくあるのです。でも、しゃべっている本人も何が言いたいのかよくわからない話をし始めて、「オレはいったい何を話そうとしているのだろう」とどきどきしていると、その不安と興奮は聴く方にも伝わる。よく結婚式のスピーチで感極まって絶句しちゃう人がいますけれど、そういうときって会場はシーンとなってみんな聞き耳立てて次の言葉を待ってますでしょう。今ここで言葉が生まれる瞬間に立ち合っているということがわかるからつい聴いてしまうんですよね。授業でも一緒です。僕のなかでそれまで未定型だったアイデアが輪郭を持ってきて、しだいにひとつの仮説にまとまるときの生成的な高揚感は聴いている方にも感染しちゃうんです。

外部から到来してくる他者。われわれの理解も、共感も絶したものが切迫してくる。それは自分の手持ちの度量衡では良否も判定できないし、価値も考量できないし、意味も確定できない。でも、圧倒的なリアリティを持って迫ってくる。そういう話を昨日したわけですが、授業の後にフロアの方から「外部から到来するものについて、どうやって〝受け入れてもよいもの〟と〝受け入れてはならないもの〟を識別するんですか」という質問をいただきました。たいへん本質的な質問ですので、今日はその話から始めます。

(1) それは善きものか、悪しきものか

「同じ真理」に向かって

超越的なものが切迫するということはなんとなくわかる。でも、それが自分にとって善きものか悪しきものか、それはどうやって判断したらいいのか。これはある意味で根源的に宗教的な質問です。霊的経験の本質にかかわる問いです。宗教的な問いであり、哲学的な問いでもあり、武道的な問いでもあります。僕はこの問いに武道家という立場から接近

してみたいと思います。

僕が合気道という武道を始めて三十七年になります。レヴィナス哲学を勉強し始めてからはざっと三十年。大学院時代や助手の時代は、昼間はレヴィナスの本を読み、訳し、夕方になると自由が丘にあった道場に行って、合気道の稽古をするというルーティンで生活しておりました。博士課程の二年間と助手をしていた八年間合わせて十年間だいたいそういう生活でした。三十代のほぼすべてをそういう「六時までレヴィナス、六時から合気道」という判で捺したような生活をしていたことになります。

その当時はどうして自分はこんなルーティンをきちきち守って暮らしているのか自分でも理由がよくわかりませんでした。でも、レヴィナス哲学と合気道は僕のなかでは「同じもの」だったんです。「同じ真理」を二つの違う接近法で求めているのだということについての確信はあったんです。でも、それがどういう真理なのかは言葉にできなかった。

エマニュエル・レヴィナスは、一九〇六年ロシア帝国領リトアニア生まれで、フランスのストラスブール大学に進み、フライブルク大学でフッサールとハイデッガーに師事して、大戦間期に現象学と存在論をフランスに紹介しました。後にフランスに帰化して、第二次世界大戦で応召して、捕虜として戦中を過ごします。戦後のフランスにおけるユダヤ人コミュニティの精神的な指導者でありましたけれど、ユダヤ人社会の外では久しく無名の人でした。その哲学的業績が人の知るところとなり、大学教授になったのは五十歳を過ぎてから、そういう人です。

僕が稽古していた日本の伝統的な武道の思想とレヴィナス哲学がいったいどこでどう交錯するのか、それが僕にはずっとわかりませんでした。でも、言葉では言えないがこの二つが同じ真理を追求しているということはわかる。研究を続け、稽古を続けていれば、いずれそれを説明できる言葉を獲得するだろうということは確信ができる。不思議なもので、「今はわからないけれど、そのうちわかる」ということはわかる。レヴィナス哲学が追究している人間と世界のありようについての叡智《えいち》的な知と、僕が武道修業を通じて会得しようとしている身体知は、同じところに収斂《しゅうれん》するに違いないという先駆的直感はある。先駆的直感はあるけれど、何をどう直感しているのかは言葉にできない。そういう状態が三十年続きました。でも、さすがにそれだけ時間をかけると、直感を言葉にできるようになってきた。昨今はそういう感じです。

とりあえず、一応「保険」のためにレジュメというものを作ってまいりました。先にレジュメに目を通した方は何が書いてあるのか全然意味がわからなかったと思います。でも、今日の授業が終わったときには、そこに引用されているレヴィナスの言葉については「なるほど、そういう意味か」とある程度納得がゆくと思います。それで三日間通った甲斐があったと、そう思ってお帰りいただきたいと思います。

いろいろな時代に、世界中でさまざまな賢者や聖人が人間について存在について時間について、叡智の言葉を遺しています。僕の直感は、ほんとうに賢い人たちが語っていることは「だいたい同じことだ」と教えています。そりゃ、そうです。歴史的な賢者や聖人たちがそれぞれてんでにまるで違うことを人間について語っていたら困ります。歴史に名を残すほどの賢者聖人は人間の知の限界まで歩を進めた人たちです。この境界線を越えると人間の知が機能しなくなる。「もう人間ではないもの」になってしまう。ここがそのぎりぎりのボーダーライン、というあたりまで行っています。極地探検家と同じです。知の辺境まで行っている。そして、そこから帰ってくる。必ず人間たちの世界に帰って来ます。

そして、「あの線を越えたら、人間はもう人間ではなくなる。人間が存在できる世界、人間が意思を通わせることのできる世界、人間的意味によって充たされている世界は、ここまで」ということを僕たちに教えてくれます。彼らは「人間がもう住めない場所」のぎりぎり近くまで行って、そこから踵《きびす》を返して、人間たちにどこからどこまでが「人間が住める世界」であるのか、そこからはみ出して「クレイジーな崖っぷち」から滑落しないためにはどうすればいいのかを教えています。その意味では彼らの仕事は「ライ麦畑のキャッチャー」と本質的には同じものです。

空気を読めなくなった日本人

今朝、起きてレジュメを作りながら、メールをチェックしていたら、韓国の大学院生の方からメールが来ていました。この間僕が韓国に行ったときの講演を聴いて、面白かったですという感想から始まって、実は訊きたいことがあると書いてきました。あなたは『日本辺境論』のなかで、日本人は「空気を読む」ことができる、空気を読む能力が高いと書いているが、今の日本を見ていると空気を読むということによって、日本社会が何か間違ってきた方向に行っているように見える。これは空気を読む力が、悪く働いているというふうには考えられないだろうか、そう書いてきていました。おもしろい着眼点です。

自分自身のなかに揺るがぬ信念があり、それを足がかりにして、周りの人がどれほど反対してもぐいぐい押してゆくというのは確かに日本人の好む作法ではありません。自分の信念や確信を貫くよりも、場の空気を読んで、大勢が流れる方向に自分も流されてゆく。外からは確かにそういうふうに見える。

ちょうど今朝（二〇一二年八月三一日）の朝刊に、大阪の政局のことが出ていました。みんなの党と民主党の府会市会議員たちが続々と維新の会に鞍替えしているという記事でした。今いる政党よりも維新の方が次の選挙で当選しそうだと見た議員たちが「寄らば大樹のかげ」で党籍変更している。これなんかもたぶん韓国の青年からは「空気を読んでいる」ことの徴候に見えるのでしょう。

彼からのメールにはこんな返事を書きました。

「それは違います。付和雷同するというのは、逆に日本人の〝空気を読む能力〟が劣化していることの証拠なのです。〝空気を読む〟というのは、本来は数値化されていない、外形化されていない、まだ識閾下のシグナルに反応して、変化の予兆を感じ取ることです。でも、今の人たちが読んでいるのはもう空気じゃありません。数字なんです。読んでるのは、ただの数字であり、データであり、エビデンスなんです」

例えば、維新の会に移っていった議員たちが読んでいるのは世論調査における政党別支持率であり、選挙の得票数であり、メディアにおける扱いの大きさです。新聞紙面の大きさ、テレビにおける報道時間数、政党や党首についての言及回数、すべて数字です。彼らが読んでいるのは空気じゃなくて数字なんです。

「数字を読む」というのは、「空気を読む」の正反対のふるまいです。空気を読めない人が数字を読むわけです。空気は空気ですから、いかなる数値をもってしても表象不可能です。それは「感じ」なんです。微細な波動のようなものなんです。地震が起きる前に地磁気が変化するようなものです。地面は動いていないから、地震計では感知できない。けれども、波動についてのセンサーが発達している人には「何かが起こる」ことがわかる。それが「空気を読む」ということの本義です。

でも、今の日本人は空気なんか読んでません。空気を読むというのは「変化を先取りすること」ですけれど、付和雷同して大勢に追随する人たちはすでに起きてしまった変化を後追いしているに過ぎない。すでに現実化したこと以外には現実感を感じることができないからです。でも、「すでに現実化した現実」というのはだいたいの場合、「すでに現実性を失いつつあり、別の『まだ現実化していないもの』によって代替されつつあるもの」であるのです。しだいに現実性が希薄になってゆくものを必死に後追いする人間を僕は「リアリスト」とは呼びません。むしろ、彼らこそ「夢想家」と呼ぶべきでしょう。

日本人は全体として空気が読めなくなっている。そういう言葉を使うのってあまり好きじゃないですけど「KY」とかいう言い方がありますね。これは個体を指す言葉ではなくて、日本人全体が今罹患している病気の名前だと僕は思っています。空気が読めなくなったので代わりに数字を読んでいる。

そのことを韓国の青年に諄々《じゅんじゅん》と説きました。日本人は空気が読めなくなっているので「こんなこと」になっているわけで、ほんとうはもっと空気が読めるようにならなければいけないのだ、と。空気を読んでいるせいで、日本人が政策決定において失敗を続けているということではないんです。空気が読めなくなっているので、適切な政策判断を下すことができなくなっている。

今日のレジュメを作りながらそういう返事を書いていたんです。不思議ですね。講義でこれから話そうかなと思っていた問題にぜんぜん別の筋からぶつかってしまった。でも、そういうものなんですよね。問題がひとつに結晶して、輪郭のくっきりした解が提示できそうなときには、ジグソーパズルの終わりの方でぴたぴたとピースがはまってゆくように、さまざまなことが全部つながってくるんです。

一緒に革命ができる人

ここへ向かう車のなかで、鷲田清一先生について、釈先生と二人でお話をしました。僕は鷲田先生が阪大の総長をおやめになるときの退任記念パーティーに、遊びに行ったのです。そしたらいきなりご指名を受けて壇上に招かれ、友人代表としてスピーチをさせられました。そのときの話をしたら、講義でもその話をしてくださいと釈先生が言われたので、もう一回することにします。

二〇〇九年に、京都で桑原武夫学芸賞の授賞式がありました。その年は茂木健一郎さんが受賞されたので授与式にお祝いに伺いました。授賞式では選考経過について選考委員から報告があるのですが、その日は仏文学者の杉本秀太郎先生が桑原武夫学芸賞の由来と意義についてお話をされました。そのなかでこんな逸話を紹介されました。

杉本先生が若い頃、メディアによく出てくる新進気鋭の学者がいました。口ぶりからうかがうと、杉本先生はどうもその人のことをあまり評価していなかったようです。そこで、桑原武夫に訊きました。「先生は彼をどう評価されますか」と。すると桑原武夫はこう答えたそうです。「頭のいい子やね。でも僕、彼と革命やろうとは思わん」

いい話だなと思いました。桑原武夫は人を見るときの基準が「一緒に革命ができるかどうか」だったんです。人間を見る基準として、これほどラディカルなものはありません。「一緒に革命をやる」というのは別にそれほどうれしい話じゃありません。革命を起こさなければ立ちゆかないほどの悪政であることが前提になっているわけですから、政府は強権的で抑圧的で暴力的なものに決まっている。その下で地下組織を作って革命闘争を展開しようというのですから、長期にわたって絶えず権力の弾圧を警戒していなければならない。捕まって拷問されたり、処刑されたりするリスクにさらされている。地下に潜伏したり、警察に追われて逃走したりしなければならない場合もある。そういうタイトな状況の下で、ことによったら一生を過ごさなければならない。となると「一緒に革命をやる」同志を選ぶときにはやはりいくつかどうしても外せない条件がある。勇敢であるとか、正義感が強いとか、信義に篤いとか、そういうこともあるんでしょうけど、やはり欠かせない条件は、その人がいると、それだけで集団のパフォーマンスが向上するということだと思うんです。

革命党派を組織して、同志たちが集まって革命の相談をしている。さて、これから革命をするわけだが、まずどこから始めようか、と。地下出版で新聞を出そうとか、地下組織のネットワークを張り巡らせようとか、秘密のアジトを作ろうとか、そういう相談をしますよね。そういうふうにこれからの革命の計画をしている時間て、すごく楽しいはずなんです。同志と一緒に過ごすこの時間が他の誰といるときよりもわくわくして、気分が高揚して、自分のことを誇らしく思える。そういうことじゃないと革命なんか誰も始めないと思うんです。革命闘争が実現しようとしている未来社会は、今ここに組織された革命党派において萌芽的に実現している。そうでなければいけない。今ここにいて自分たちはとても「いい気分」である。強権とも抑圧とも無縁な風通しのいい気分を享受している。ぜひこの気分を社会全体にまで押し広げたい。革命というのはそういうものでなければならないと僕は思います。

もし、革命党派に集まってきた連中が、権力に対する憎悪とか復讐心とかを動機にしていて、同志と一緒にいるときでも猜疑心の強いまなざしを周りに向けたり、攻撃的であったりした場合、彼らの革命が実現して出現する社会はやはり「憎悪と復讐心」を感情的基礎とする抑圧的な統治システムになる他ない。そういうものなんです。今ここでスモールスケールで実現できない組織体が未来においてマススケールで実現できるはずがない。だから、革命闘争というのは、はじめから終わりまで、とっても楽しいものでなければならない。同志とともに過ごす時間が楽しくて楽しくて、この時間がいつまでも続くようにみんなが願うような、そういうものであるべきなんです。そうじゃないと革命闘争なんかできるわけない。地下に潜伏して、弾圧に怯《おび》えて過ごす時間でも、同志と一緒だから楽しいというのでなければ身体が保ちません。

革命を一緒にやれる人であるかどうか、その判断基準はその人と一緒にいると自分も勇気づけられる、自分の知性の回転が滑らかになる、自尊感情が基礎づけられる、そういうことだと思うんです。桑原武夫は戦前の京大で、国家主義者の弾圧によって学者たちが次々と教壇を逐《お》われてゆくさまを無為のまま眺めていた「頭のいい学者」をたくさん見てきました。自己保身のために仲間を見捨てることができる人は、どれほど頭が切れても、学問的業績が華々しくても、一緒に革命はできない。だから、そのときの観察に基づいて桑原武夫は人間を見るときに「自分が教壇を逐われる日が来たときに、手を拱《こまね》いて見ているだけの人間か、あるいはともに戦ってくれる人間か」を見ていたのだと思います。さすが桑原武夫。もともと、大した人だと思ってはいましたけれど、杉本先生にその逸話をうかがって、ほんとうに偉い人だと思いました。

それで、鷲田先生の総長退任パーティーで僕は、「鷲田先生は一緒に革命ができる人です」と申し上げました。別に今すぐ革命する予定はないんですけれど、鷲田先生となら革命ができそうだと思ったのは、鷲田先生の政治思想がまっとうなものであり、信義に篤く、男子の一言を重んじるとか、そういうこともありますけれど、最大の理由は「つらいときに一緒にいると楽しそう」ということです。鷲田先生と一緒だったら、どんなタイトな地下闘争であっても、けっこう楽しいだろうなと思えたからです。こういう仲間がどんどん増えていって、みんなが僕たちみたいに愉快な時間を過ごせるようになるといいな、と。そういうふうに思える人がたぶん「一緒に革命ができる人」ということだと思います。

でも、この「一緒に革命ができる人」であるかどうかの判定には、いかなる数値的・外形的な判断基準もない。直感しかない。そして、今にして思うと、僕は二十歳ぐらいの時から、いつも人を見るときに「この人と一緒に革命ができるかどうか」を判断基準にしてきたような気がします。その頃から「どうせオレのことだから、世の中のメインストリームからはじき出されて、すごく弾圧されるような生き方をすることになるだろうけれど、そんな〝はぐれもの〟でも受け入れてくれて、愉快に過ごせる仲間と場所が欲しいな」と思っていたわけですね。そういう仲間と場所をいつも探していた。そして六十過ぎて、もしかすると桑原武夫が探してきたものと僕が探してきたものって、同じだったのかなと思った。たぶん鶴田先生も同じように思っていたんじゃないでしょうか。

「一緒に革命ができる人」かどうかを何を基準に判定しているのか、その理由はうまく言葉では言えない。その人の地位とか財産とか権力とか、どれぐらい倫理的であるかとか、知識があるかとか、技能があるかとか、そういうことにはまったく関係ないわけです。みごとにまったく関係ない。それでも、その人が「革命が一緒にできる人」かどうかは一瞬でわかる。

前に平川克美君から聞いた話ですけど、ここに橋下徹と湯浅誠がいます。これから二人のうちどちらかをパートナーに選んで二人で厳寒の山に登ることになりました。さあ、あなたはどちらをパートナーに選びますかと訊かれたら、維新の会の諸君も全員迷わずに湯浅誠を選ぶだろう、と(笑)。一緒に無人島に漂着するなら誰と一緒がいいですかという問いと「一緒に革命できる人」はどちらですかというのは同質の問いなんです。誰だって直感でわかる。合理的な根拠なんか要らない。原生動物だって、自分に近づいてくるのが餌なのか、自分を餌にする気なのかくらいは区別できる。ゾウリムシにできることが人間にできないはずがない。

ですから、これが昨日訊かれた「他者問題」への解答にもなっているわけです。外部から到来してくる「私の理解も共感も絶したもの」がある。それが受け入れてよいものなのか、そこからすぐに逃げ出した方がいいものなのか。私の生きる力を高めるものなのか、私の生きる力を減殺するものなのか、それは直感的に判断できる。それができるものを生物と呼ぶのです。

(2) 人間の本質としての歩行

オイディプス神話の示すもの

レジュメの通りに話を進めましょう。まずはオイディプス神話から。オイディプスについてはいろいろな神話学的分析がありますが、僕が個人的に一番おもしろいと思ったのは、クロード・レヴィ＝ストロースが『構造人類学』で行った構造分析です。ここでレヴィ＝ストロースは、オイディプス神話という神話群から、さまざまな説話モジュールを切り出して、説話を四つの群に区分するという仮説を提示しました。

四つの説話群はそれぞれ一対になるふたつの説話群に分割されます。第一のグループは

「過大評価された親族関係」にかかわる説話と「過小評価された親族関係」にかかわる説話の対。第二のグループは「怪物の話」と「うまく歩けないものの話」の対。

「過大評価された親族関係」というのは近親相姦のことです。オイディプス神話ではオイディプスと母イオカステの母子相姦の物語と娘アンティゴネーが僭主クレオンの命令に違反して兄ポリュネイケスの葬礼を行う物語がこれに当たります。それほど親しくなってはならない親族が過剰に接近すること、というのが共通点です。

「過小評価された親族関係」というのは、その逆です。親族による殺し合い。テーバイの王ライオスが占いを信じて息子オイディプスを山に棄てる物語、成人したオイディプスがそれと知らずに父ライオスを殺す物語などがこれに当たります。

過剰に親密な親族関係と過剰に敵対的な親族関係、これが一対で示されています。これは何を意味するかというと、僕の理解では、このふたつが「オフリミット」を示す標識だからですね。繰り返し申し上げている通り、僕たちが採用している物語は「人間が住む世界がどういう構造を持っているのか」を教えてくれるコスモロジカルな仕掛けです。舞台装置といってもいい。人間が「この舞台の上で生きる」限界を教える。そこの上にいる限り、床があり、天井があり、照明が当たり、声が拾われ、芝居の相手がおり、観客が見てくれる。でも、そこから出てしまうと、床もないし天井もないし明かりも音もない。台詞《せりふ》をやりとりする相手もいないし、演技に反応してくれる観客もいない。そのようなコスモロジカルな装置の外側に出たものは「もう人間ではなくなる」。その限界を教えるのが神話の教化的役割です。「近親相姦」と「近親相殺」はそのコスモロジカルな舞台装置の「限界」、そこから先に行ってはならないという境界線です。近親者と通じてはならない。近親者を殺してはならない。親しいけれど性交渉を持つほどではなく、疎遠だが殺すほどではないというのが親族の「いい湯加減」である、と。平たく言うと、オイディプス神話の教化的メッセージはそう要約できる。

第一グループの教訓は比較的簡単に説明できます。でも、第二のグループはけっこう手強い。「怪物の話」と「うまく歩けないものの話」が対をなしている。さすがのレヴィ＝ストロースもこの二つの説話群がどういうふうに二項対立的に機能しているのか、その説明にはずいぶん苦労しているように見えます。僕も『構造人類学』のその箇所は何十回も読み返したのですが、やっぱりレヴィ＝ストロースの説明では意味がわからなかった。レヴィ＝ストロースでもうまく説明できないことがある。かくも卓越した知性をもってしても説明できない神話が存在するということが僕には驚きです。

わかるのは、これもまた「人間とは何か」についての教訓を伝えようとしているということです。「うまく歩けない」というのはオイディプスの一族の名前に関わる説話です。

ご存じの通り「オイディプス」というのは「腫れた足」を意味します。父ライオスは予言者に「あなたの息子が父を殺し、母と通じるであろう」と予言されて、息子を山に捨てます。山に棄てるときに、踵《かかと》に金の釘を刺して、両踵を貫いて歩けないようにする。さいわい、山のなかで赤ん坊は拾われて、子供のいないコリントスの王の養子に迎えられる。そういう話です。でも、踵に釘を刺されたせいで、オイディプスは足が腫れて、うまく歩くことができなかった。その父親のライオスですが、「ライオス」というのはギリシャ語で「不器用」という意味です。祖父はラブダコス。「ラブダコス」は「足が不自由」という意味です。ラブダコス、ライオス、オイディプス、みんな「うまく歩けない人」です。

オイディプス神話のクライマックスのひとつはオイディプスがスフィンクスの謎を解く話です。スフィンクスの謎というのは、ご存知の通り、「朝は四本足、昼は二本足、夕方は三本足の生き物とは何か」という問いです。これにオイディプスは「それは人間だ」と正解します。でも、これもまたよく読むとわかりますが、「うまく歩けない話」なんです。幼児のときは四つ足歩行であり、その後直立歩行するようになるが、やがて足が弱ると杖をつくようになる。標準的な、正しい歩き方で一貫することができないもの、それが人間である、と。スフィンクスの謎の答は「人間とはうまく歩けないものである」ということになります。

なぜ人間は立ったか

　これまで何度も書いていることですけれど、本能が命じる標準的な「正しい」歩行法というものは存在しません。ときどき「正しいウォーキングの仕方」というようなことを教えている人がいますけれど、あれは嘘です。世界中のすべての社会集団は固有の歩行法を採用しています。それは正しい歩行法が存在しないからです。直立歩行する限り、どんな歩き方をしても間違っているんです。もし標準的な正しい歩行法がひとつだけしか存在しないのであれば、進化の淘汰圧によって正しい歩行法をする種だけが生き残っていて、世界中の人間がみな同じ歩き方になっているはずです。でも、なっていない。

　四つ足歩行はそうではありません。これは本能が命じるものですから、「正しい四つ足歩行法」のプログラムがＤＮＡに書き込んである。だから、世界中の赤ちゃんはみな同じようなハイハイの仕方をします。でも、赤ちゃんは本能の命じる身体運用に決してとどまろうとしません。なんとか直立しようとして、できないと悔しがってわんわん泣きますね。

　どうして本能が命じる「正しい四つ足歩行」で赤ちゃんは満足できないのか。それは四つ足歩行の仕方は「決まっている」けれど、直立歩行の仕方は「決まっていない」からです。赤ちゃんは「正しい移動法」を身につけたくて泣いているのではなくて、「自由」になりたくて泣いているのです。直立歩行には定型がありません。だから、極端な話、どんな歩き方をしてもいい。この開放性の誘惑に赤ちゃんは魅入られているんです。腰痛から痔疾まで、人間の病気のきわめて多くは直立歩行することが原因で起きています。ですから、健康のためには四つ足歩行の方がいいんです、ほんとうに。でも、人間は四つ足を嫌って直立した。そうすると視野が広がるとか、手が使えるようになるとか合理的な説明はいろいろありますけれど、僕はそうじゃないと思う。人間は利便性を求めて立ったわけじゃない。自由を求めて立ったのです。

そう考えると、「うまく歩けない」説話群の意味が「人間とは何か」についての根源的な定義のひとつであることがわかります。それは「正しいことより、合理的であることより、健康であることより、自由であることを求めるもの」という定義です。

ただし、先ほども申し上げたように、神話における二項対立は「こっちから先は人間が住めない世界」「これをしたらもう人間じゃない限界」を示すオフリミットの標識です。だから、「合理的であることより自由であることをつねに優先させる」というのは「人間がそうあってはならない限界」の一種として示されているということになります。人間はこの定義の手前にとどまらなければならない。ときには自由が優先され、ときには合理性が優先される。「人生いろいろ」。それが「うまく歩けない」説話群の神話的メッセージです。

だとすると、これと対になっている「怪物についての物語」もまた必ず「人間とは何か」という問いへのひとつの解答になっているはずです。「カドモス、竜を倒す」と「オイディプス、スフィンクスを殺す」のふたつです。これが一体何を意味しているのか、僕には残念ながらまだわかりません。わかるのは、対になる説話群であるとしたら、その神話的メッセージは「人間はその自由意思に反してでも、しなければならないことがある」というものであるというのが帰納的には「正解」だということです。規範は自由に先行する。論理的にはそういう命題であるはずです。でも、怪物の説話についての断片的な情報だけからでは、その命題にたどりつくことが僕にはできませんでした。誰か、この仮説を証明してくれるといいんですけどね。

シグナルに導かれ道はできる

歩き方に定型はないという話に戻ります。能楽の稽古を通じて僕が理解したことのひとつは、能楽の「すり足」という歩き方は、日本列島住民がさまざまな歴史的・文化的な条件や気象や地理や植生などの環境的条件の下で採用した、「これが一番しっくり来る」歩き方だったということです。

そういう歩き方を中世からたぶん明治大正まで日本人はしていた。そして現代人はその歩き方を放棄した。変わった与件は何か。最も大きく変わったのは道路の舗装とか履物よりむしろ人間と世界の親密さの度合いではないかと僕は思います。「すり足」というのは地面との接触面で感度を高めて、大地からのメッセージを受信しようとする、そのような心身の構えが要求するものではないか。そんな気がしたのは、能楽の稽古をして十年ほど経ったときのことです。

能楽の舞の道順というのは、決められた型通りに、舞台をくるくるあちらへ行ったりこちらへ行ったり、手を上げたり下ろしたりしているのかとずっと思っていました。それのどこがおもしろいのか（している方も見ている方も）実はよくわかりませんでした。でも、実際に稽古が進んで、能舞台に上がり、地謡がいて、囃子《はやし》方がいて、ワキがいて、作り物がある舞台を経験すると、舞うということの意味が少しだけわかってきました。「私が」舞っているわけではなく、むしろ「舞わされている」というのが舞台上でシテを演じたときの実感でした。

舞台の上に立つとわかりますが、地謡や囃子方が仕事を始めると、地響きがするような、あるいは切り裂くような波動が舞台を次々と領します。すると、舞台の上の空気の密度が変わり、粘り気が変わり、重みが変わる。空間が均質ではなくなり、濃淡ができる。そうすると、そこに「通りやすい動線」と「通りにくい動線」の違いが感知できるようになる。壁の割れ目に吸い込まれるように、ある動線に強く引きつけられるということが起きる。地謡と囃子から送られる波動が変わり、舞台上のワキやツレの立ち位置が変わる毎に、シテに対する動線の指示も変わる。ですから、シテに求められるのは、こういう言い方が許されるなら、舞台が送ってくるシグナルに対する徹底的な受動性なわけです。どこまで無垢になれるか。どこまで白紙になれるか。真っ白な状態にシテがなると、シテの身体と舞台が同期し始める。三間四方の能舞台のどこかに一本の道が見える。「ここを歩め」という指示を感じ取れる。

仏教用語に「二河白道《にがびゃくどう》」という言葉があります。火の河と水の河の間に一本の白い道があり、それが極楽に通じる道であるという比喩です。能舞台において舞台の空間と同期すると、確かに「二河白道」が開けるという言葉に実感が持てる。「この道を進むしかない道がある」ということがわかる。

そのとき、なるほど中世の日本人はこうやって歩いていたのかということが腑に落ちました。現代人ならここからあそこに行くというときに最短距離を選びます。カーナビの画面のように、全ルートをあらかじめ鳥瞰して、最も合理的な道順の下絵を頭のなかに描いて、それをトレースしてゆくように歩く。でも、古代中世の日本人はそんなふうには歩いていなかった。歩くときには、何かに呼ばれたらそちらへ向かい、「こちらへ来るな」と言われたら、そこは避けた。そういうふうに絶えずシグナルをモニターしながら、まるで地雷原を歩くように地面からの情報のやりとりのなかで歩みを進めていたのではないか、僕はそう思います。現に、野原の真ん中に一本だけ通り道ができる。どこをどう通ってもいいのだけれど、どうもこの線の上が「歩きやすい」というルートをみんなが無意識的に選んでしまったことの結果です。

動線から区割ができる

中世に、「五畿七道」という地方行政区分がありました。七道というのは東海道、東山道、北陸道、山陽道、山陰道、南海道、西海道の七つです。でも、ご覧の通り、これは「区割り」ではない。「道」なんです。

今議論されている道州制というのは、水平的な区分ですね。面積がこれくらいで、人口がこれくらいで、法人数はこれぐらいで、所得税額がこれぐらいで、というような数値的な基準でパイを切り分けるように地面を切り分けようとしている。

でも、中世の日本人が行政区分を切り分けるときに基準にしたのは、そういう数値的なデータではなくて、動線でした。行政区分が動線基準だったんです。京都から出発して、ある目的地に向かうときの道筋を行政単位とした。七道はもともと軍事道路です。蝦夷《えぞ》とか熊襲《くまそ》とか辺境の異族との戦いのために整備されたものです。兵員と装備を運送するロジスティックスを基準に行政区分を考えたから、仮に空間的に隣接していても、「物流」が違うルートは別の「道」に区分けされた。現代人は行政区分というものを静止的にしか表象できませんけれど、少なくとも古代中世の日本人までは空間を運動的に分節していた。空間は運動的に分節されるものだということが常識だった。

ただし、この七道自体は軍事道路ですから、政治的に設計されたものです。計画的に作られたという点がそれ以前に存在していた生活道路と違います。それ以前の道路は、もっぱら歩く人間の身体実感だけに基づいて線を引かれた。そういう生活道路はぐねぐねしている。あっちへ曲がったり、こっちへ曲がったり、行きつ戻りつ、大地からのシグナルに反応して屈曲していた。でも、七道は基本が直線道路です。ロジスティックス目的ですから。

ですから、まことに興味深いことに、中央集権的に設計されたこの七道という軍事道路はいくつかを除いて、作られてから百年くらい後に自然に廃絶してしまう。誰も通らなくなる。ちゃんと整備された道路であり、駅も整備されていたのに、いつの間にか人が通らなくなった。喫緊の軍事目的がなくなったら、人々はまた古くからある生活道路を歩くようになった。そして、七道のいくつかはその後また草むして自然に還ってしまった。七道が復活するのは、それから何百年も経った後、明治の中央集権政府が「鉄道」を通そうとしたときのことです。

鎌倉街道というのもそうです。鎌倉幕府から非常呼集があったときに、御家人たちが甲冑をつけ、槍を負って駆けつけるための軍用道路として整備されたものです。これも中央集権的に設計された。ですから、鎌倉幕府が滅びるといつのまにか自然に還ってしまった。今でも、関東地方ではよく「鎌倉街道の遺跡らしきものが発見された」というニュースがあります。一度整備された道路であるにもかかわらず、大地とのやりとりのなかで人間の身体が選んだ道以外は「歩きたくない」という生活者の実感がいかに強いものであったかわかります。

古典を読んでいると、「方違《かたたが》え」という風習が出てきます。今日はこの方角には行きたくないというやつです。方角のそのつどの吉兆を感知できる職能者がいた。そういう身体実感に基づいて、古代中世の日本人は空間を分節して、意味で彩っていた。もし、メルロー＝ポンティが日本の「方違え」の風習を知っていたら、きっと『行動の構造』でそのために一節を割いていたでしょう。

「不安定さ」によって獲得したもの

中世の日本人はそのように身体実感に基づいて、その粘り気や手触りや温度差で空間を分節していた。能楽はそのような非均質的な空間のなかで適切な動線、適切な動作を選択できる能力を開発するためのひとつの訓練のかたちでもあったのだろうと僕は思いました。だからこそ武家の式楽として採用されたのです。

ですから、能楽の稽古の基本が「歩くこと」であるのは当然のことです。直立歩行というのはどう歩いてもいい、自由度の高い身体運用であるということを前にお話ししました。立ち上がると人間は必ず不安定になる。その代わり、どの方向へでも次の一歩を踏み出せる。

自由であり、かつ不安定であるということは、言い換えれば外部から到来するシグナルに対する感受性が高くなるということです。不安定であれば「溺れるものは藁《わら》をもつかむ」わけですから、わずかなシグナルに反応する。安定的な四つ足歩行に比べて、直立歩行は圧倒的に不安定です。そして、足がもつれて転んだら大怪我をすることがある。人間は自分の拳で自分を殴って殺すことはできませんし、自分の手で自分の首を絞めて殺すこともできません。でも、足を滑らせて転べばしばしば大怪我をするし、打ちどころが悪ければ死ぬ。直立して歩くというのは極言すれば、つねに「死ぬリスク」と背中合わせだということです。日常の、最も基本的な身体運用が、他のどの動作よりも危険であるということ、それが「歩く」という行為の本質的な可傷性、感受性を条件づけています。

「歩く」という動作は直立している不安定状態から始まり、そこから片足を空中に引き上げて一本足になるというさらに不安定な状態を経由して、足が地面について相対的な安定を獲得するというプロセスの繰り返しです。化学では不安定な状態が一気に安定を回復することを「爆発」といいます。ですから、歩くという行為は化学的な比喩でいえば、小規模の爆発を繰り返しているということになります。

身体運用の基本リズムは「不安定・安定・不安定」というサイクルの繰り返しなんです。それは「爆発」ということが身体的にも知性的にも、強いエネルギーの発生を意味していることに関係があると僕は思います。

直立歩行を採用したことで人間は運動の自由を獲得した。けれども、自由を獲得した代償として、可傷性、感受性、あるいは外界からの被影響性といった一連の特性も受け入れることになった。外部から来る強いシグナルにすぐに染まり、影響される。例えば、邪悪な力が外部から到来した場合も、それに取り憑かれ、それに損なわれる。そういうリスクはあるいは直立歩行を起源とする現象なのかもしれない。

「憑依される」という現象というのはもしかすると人間以外の動物には観察されない現

象ではないでしょうか。悪霊に憑依された猫とか幽霊に怯えるゴリラとかいるのでしょうか。あるいは、広い世界ですから、どこかにそういう現象も存在するのかも知れませんけれど、僕は寡聞《かぶん》にして知らない。この「被憑依性」「霊的可傷性」というのは、人間の際立った特性ではないかと思います。それは直立歩行による身体運用の自由の獲得と同起源のものであり、つまり、直立歩行と宗教の発生は同期している、というのが僕の仮説です。

人間の文化をこの可傷性、受動性、被影響性、被憑依性という特性から解釈することはできないだろうか。外部から来るものに対して鋭く激しく反応できてしまう力。それが実体的に目に見えるものでなくても、ほんとうに空気のようなものであっても、匂いのようなものであっても分節できる。

匂いも、現代人は「嗅ぐ」という単一な動詞しか持っていませんけれども、昔の日本人は嗅覚への入力もさまざまに書き分けていました。「香」も「匂」も「臭」も「薫」も、どれも嗅覚情報です。そればかりか、昔はよい香りの場合は「聞く」という動詞を使いました。「梅の香りを聞く」というふうに。身体実感としては、「美しい音を聞く」ときと「いい香りを嗅ぐ」ときに活性化する脳の部位が近かったのかもしれない。だから聴覚情報と嗅覚情報が同じ動詞で処理できたのかもしれない。わかりませんけど。

五感も、アナログに広がっている脳内部位を恣意的に切り分けて「だいたい五感くらい」

ということで分節しているだけの話で、そうしたければ、六感に切り分けても七感に切り分けてもいいわけです。人間の感覚は非分節的なものです。聴覚だって空気の波動を「音」に変換するわけですから、鼓膜だってそういってよければ触覚器です。

立ち上がることによって人間は身体運用の自由と、外界からの被影響性を獲得した。自分自身を不安定な状態に保つことによって、心身のパフォーマンスが爆発的に増大するという知恵を習得した。直立して歩くことを選択することによって、人間は人間になった。そういうふうにいえると思います。であれば、彼の最初の問いは「どこに行くのか？」というものになる。人間はどこに向かって歩み出すことになるのか。これが最も根源的な人間的問いであることになります。

「立ちなさい、行きなさい」

一神教信仰を基礎づける起源の言葉とは何でしょうか。それは『創世記』一二章一節にあります。神がアブラムに向かってこう告げます。「あなたは生まれ故郷、父の家を離れて、わたしが示す地に行きなさい」。これがアブラム（「アブラハム」に名前が変わるのはその後のことです）に主が命じた最初の言葉です。歩め、と。今自分がいる場所とは違うところに行きなさい、と。

二日目に、『論語』にある「四十にして惑わず」の「惑」は実は「或」であって、それは壁を作って守っている自分の土地という意味だというお話をしました。ですから「不或」というのは、「あなたの生まれ故郷、あなたの父の家を出よ」という指示であると読むことができます。「四十不或」とは人間いい大人になったら、自分にとってなじみ深い「ここ」とは別のところに向かって歩き出さなければならない、そういう教えであるとするなら、それは一神教の原点にある指示と本質的には同じものだとも言えるわけです。ですから、「不或」の次は当然「知命」になる。あなたの故郷を出て、私が指し示すその地に至ったとき、あなたは神の意思を知るだろう、と。

つまり、今から二千五百年くらい前に全世界同時的に、今日のわれわれの宗教と哲学の根本をなすようなアイデアが発生したということになります。仏教も、ユダヤ教・キリスト教も、儒教も、ほぼ同時に、相互に無関係に発生している。ということは、その時期に、人間について、それまでの定義とは違う地殻変動的な定義の変化があったということです。人間というのはこういうものだという新しい定義を人類は採用した。

そのときに語られた言葉というのは世界中どこでも深いところで通じている。それは「立ちなさい」ということです。「歩み始めなさい」と。そして歩むことによって生まれる不安定状態をむしろ可能性としてとらえなさい。そして、外界からのシグナルを感知する力を最大化しなさい。偏見や先入観で作られた「よろい」を脱ぎ捨てて、肌を剝き出しにした、傷つきやすい状態になるというリスクをあえて取りなさい。そのときあなたは人間になるだろう、と。そういうことを古代の賢者聖人たちは、ほぼ同時期に説き始めた。

(3) 空位

「空席」を作っておく

「歩く」ということは空間的な移動ですけれど、移動しなくても「歩く」ことと同じような可傷性・感受性のリスクを経験することはできます。自分の「或」のなかに空間的にとどまっていても、「不或」を実践的に達成する方法がある。それは「空席を作る」ことです。「歩み出す」の代わりに「引き下がる」ことであると言ってもいいかもしれません。一歩退く。一歩退いて、それまで自分が占めていた空間を空けて、そこに「空席」を作る。

ユダヤ教の儀礼で、食卓を囲むとき、ひとつだけ預言者エリヤのための席を空けておくというものがあります。エリヤはメシア(救世主)の先駆けです。「メシアがもうすぐ来る」ということを告げに来るのがエリヤの役割です。その先駆けの人がいつでも来られるように、つまり救世の事業、最後の審判が今日これから始まってもよいように今ここで備えておく。それが「預言者エリヤのために一人分食卓の席を空けておく」儀礼の意味です。食事を摂るというきわめて現実的な日常のなかに霊的な空白を作る。「そこを埋めるもの」が外部から到来するまで食卓は完成しない。いつ来るかわからないけれども、メシアは必ず来る。それを何百年でも何千年でも待ち続ける。

この儀礼には有名なエピソードがあります。全員が食卓を囲んでいる儀礼のなかに、「預言者エリヤがその家に到来したので、全員が入り口を注視する」というものがあるそうです。そのときちょうどユダヤ人たちが一軒の家に集まって食事をしているという情報を聞きつけた反ユダヤ主義者たちがその家を襲おうということになりました。手に手に棍棒《こんぼう》とか鍬《くわ》とかを持って人々が集まってきた。玄関でなかの様子を探るとしんとしている。今がチャンスだと思って扉を押し開けたら、エリヤの到来を全員がみつめるという儀礼の頂点にゆきあたり、ドアを開けてみたら全員がじっとそちらをみつめていた。襲った側は「襲撃計画が事前に洩れていたのだ」と勘違いして、逃げ出してしまった。そんな逸話を読んだ記憶があります。

それが「霊的な空席」です。自分が日々暮らしている食卓という、きわめて日常的な、平凡な空間のなかに、つねに「霊的な空席」がある。そして、その「あるべきものがない」

という欠落感を日常的に意識する。これは宗教のひとつの本質的なかたちだと思います。

日本の法事でもそうです。仏壇に死者のために食べ物を供えたり、お盆で迎え火を焚いたりするわけですけれど、儀礼的意味においてはエリヤの到来を待つユダヤ教徒と同じことをしているわけです。日常空間のなかにひとつ空席を作っておく。ここに「到来すべきもの」がある。経験的には決して到来しないことがわかっているにもかかわらず、「これまで来なかったのだから、これからも来ないだろう」という帰納法的推理をここでは適用しない。蓋然《がいぜん》的には「ほとんど起こり得ないはずのこと」をそれにもかかわらず「今日にでも起きるかもしれないこと」とすることによって、おのれの霊的な緊張感を高いレベルに保とうとする、そのための工夫ではないかと僕は思います。

「空席を作る」という身振りはユダヤ教においては別の重要な宗教概念とつながっています。ユダヤ神秘主義のカバラーには「ツィムツーム」という宇宙創世についての説話があります。通常、宇宙創造というと、僕たちは造物主がまずいて、何もないところに世界をゼロから創るという話を思い浮かべるのですけれど、「ツィムツーム」はそうではない。造物主は宇宙を覆い尽くし、充たしている。だから、身を引くのです。造物主が占めていた空間の一部を空けることによって世界を創り出す。造物主が身を引いて創り出した空隙が世界であるというのがカバラーが伝える「ツィムツーム」説話なんです。

何かが立ち去っていったために、空隙ができ、そこに自分たちはいる。これはすぐれてユダヤ的な発想だと思います。もうそこにはいない誰かが場所を譲ってくれたことによってできた空隙に自分はいる。自分の存在そのものがその「空隙を作る」という贈与的行為の果実である。

エリヤのために食卓に空席をひとつ空けておくというのも同じ考え方です。未だ来らぬもののために空席を作るというのは、ひとつは霊的緊張を日常生活のなかに保持するための儀礼であり、それによって「ツィムツーム」と同じく、未だ来らぬもののためにそれが生起するチャンスを贈与してもいるわけです。

「生まれ故郷、父の家を出て」知らない世界へ踏み出すという行為と、自分の「生まれ故郷、父の家」そのもののなかに霊的な空隙を穿《うが》つという行為は、外部的なものを迎え入れる作法として、本質的には同一のものだと思います。

いずれ現れる学問のために

やっと「他者との出会い」という本日のテーマにたどりつきました。

引用に挙げたのはフェルディナン・ド・ソシュールの『一般言語学講義』の一文です。ソシュールは現代言語学の基礎を築いた人ですけれど、ソシュールはいずれ記号学という学問が登場するであろうという予測を書いております。

社会的活動における記号のありようを研究する科学を構想することができる。それは社会心理学の一部であり、それゆえ一般心理学の一部をなすこととなる。私たちはそれを「記号学」と呼ぼうと思う。記号学は記号とは何か、いかなる法則が記号を統御しているのかを私たちに教えてくれるだろう。記号学はまだ存在していないから、それがどのようなものであるかを今は言うことはできない。しかし、記号学は存在する権利を有しており、その地位はあらかじめ決定している。*1

これは『一般言語学講義』のなかで、僕が強い衝撃を受けた箇所のひとつです。自分がここに体系化した学問は、未だ来らぬある巨大な学問、さらに包括的な学問の一部をなすものに過ぎない、と。言語学がその学問の一部である記号学という学問について私は今確たることを言うことができない。自分自身の学問を含むさらに包括的な学問がいずれ出現するが、その学問は存在する権利があるし、存在しなければならない。

ソシュールの一般言語学は、当時における言語学的研究の最先端で最高峰の業績でした。それを達成した当人が自分の研究について、これはさらに包括的な記号学の一部であると宣言しているわけです。
これは学術的知性が語り得る言葉のなかでもきわめてすぐれたものだと思います。「私の理論の内部で全部が説明できる」という方向をめざすのが学術的知性としては最も質が低い。自分がなぜこのような学問をしているのか、私がいったい何を探求しているのか、それを含めて説明してくれるような「枠組み」は未だ存在していない。それゆえ、いずれ来るはずのその包括的学問が占めるべき席は今ここで空位にしておかなければならない。そう言い切れるのが真の学術的知性です。ここでもやはり鍵になるのは「空位」という概念です。未だ来らぬもの、いずれ来るべきもののための席を空けておく。その構えは学術においても信仰においても変わらないのだと思います。

「顔」

そして、「顔」ですね。レヴィナスの「顔」(visage)という概念が何を意味するのかということについてお話をしておきたいと思います。
visage(ヴィザージュ)という語は viser(目指す)というフランス語の動詞の名詞形です。これはユダヤ教の解釈学のひとつの特徴なんですけれど、レヴィナスはどのような言葉でも、その語源に遡る。そして、同一語源の言葉をひとまとまりにして、その布置《ふち》のなかで語の思いがけない意味を掘り出そうとする。ヘブライ語では、すべての語は三つの文字から構成される動詞からの派生語ですので、その根源的動詞を参照することで語の本来の意味が浮かび上がってくる。こういう解釈法にどれほど整合性があるのか、僕にはよくわかりません。ヘブライ語ではそれが適用できるのかも知れませんけれど、レヴィナスがしているようにフランス語に当てはめてよいのかどうか、僕にはわかりません。でも、この解釈法を採用すると、ある語をまったく想像もしていなかった、思いがけない文脈に置き直して読むということができます。ある出来事を因習的な文脈とはまったく違う文脈に置き換えてみるというのは、脳に「キック」を与える技術としてはきわめて効果的です。

瞑想というのはある意味ではそういうものです。瞑想というと、ふつうは端座瞑目《たんざめいもく》して、心静かに行うものだというイメージがありますけれども、それだけではありません。ものごとをふだんとは違う視点から見るというのは、それ自体が瞑想と同じ効果をもたらします。そのものに貼り付いていた手垢のような「自明性」が剝がれ落ちて、そこに何か異様なもの、見たことのないものが露出してくる。よく漢字を何十回も書いているうちに、熟知しているはずの漢字の意味がわからなくなってきて、字体がだんだん見たことのない不気味な形象に崩れ墜ちてゆくということが起こりますけれど、あれです。これもある種の瞑想といってよいと思います。世界についての日常的な存在信憑が揺らぐ経験のことです。

揺らぎが激しいとサルトルの『嘔吐』のような実存的危機をもたらしますけれど、適度の存在信憑の揺らぎはむしろ知性を活性化させる。瞑想とはそのことだと僕は理解しています。

レヴィナスの語源解釈はそういう意味では知性を活性化させるために、僕たちが熟知していると思い込んでいる語の意味を解体する作業です。「顔」というのはレヴィナス的語源学からすると「目指す」という動詞の派生語です。何かが私を目指して切迫してくる。逆に、私もまたその何かを目指している。その相互的なかかわりのただなかに「顔」が出《しゅつ》来《たい》する。私の理解も共感も絶した何ものが外部から到来する。それが「顔」の経験である、と。レヴィナスはそう書いているのです。

でも、僕にはその意味がずっとわからなかったんです。自分でレヴィナスを翻訳して、それこそ何千頁も訳してきたのですが、それでも「顔」という語でレヴィナスが何を言いたいのか意味がわからなかった。何で「顔」なのか。仕方がないので、苦し紛れに「顔ではないもの」を想定して、「それではないもの」として「顔」を規定し直すということをしてみました。そうすると見えてきたことがありました。

アブラハムが受け取ったメッセージ

なぜ「顔」でなければならないのかがわかったのはずいぶん後になってからです。レヴィナスを読み始めて二十年以上してから、だんだんとわかってきた。それは、どうしてアブラハムは主から下った「あなたの生まれ故郷、あなたの父の家を出て、私が示す地へ行きなさい」という命令に素直に従ったのかということを考えたからです。なぜアブラハムはそれが主の言葉であり、それに従うのがおのれの義務だと直感できたのか。

神の言葉というのは、原理的に考えると、人間に理解できるはずがありません。神が人間と同じような語彙や論理や音韻をもって思考したり、発話したりするはずがないからです。神のメッセージというのは雷鳴とか雲の柱とか燃える柴とか、そういった非言語的な表象を経由して到来するはずです。人間にもすらすらわかる人間の言葉として聞こえるはずがない。でも、アブラハムには、それが自分宛の指示だということが確信された。だから、指示に従って故郷を出てしまう。

それから後、故郷を離れたアブラハムは信仰を守って篤信の人として暮らし、家族も増え、家産も豊かになりました。するとある日、また主の声が下ります。あなたのひとり子、イサクをモリヤの丘に連れていって、「全焼の生贄《いけにえ》」にしなさい、と（『創世記』二十二章二節）。子どもを丘の頂上で殺して、丸焼きの生け贄にして主に捧げよ、と。そういう非情な命令が下るわけです。アブラハムはそれを聞いて、そのままイサクをモリヤの丘に連れていって、殺そうとする。そこに天使がやってきて、お前の信仰の堅いことはわかったから、もう子供を殺さなくてもよいと告げるわけです。

でも、これはどう読んでも変な話なんです。不思議なのは、『創世記』にはアブラハムが「困った」とか「悩んだ」とか「悲しんだ」とか「迷った」という記述がないんです。驚きさえしない。ふつうは神にこう訊きますよね。「子供を殺して生け贄にしろというのは、どういう意味なんですか?」「あなたは私にそうさせることによって何をさせたいんですか?」ふつう父親はそう問い返しますよね。理不尽な命令に対して知性的な人間が当然向けてよい反問です。「それは私の信仰を試すための試練ですか?」とか「子供というのは〝とてもたいせつなもの〟の比喩的表現ですよね?」とか。でも、一番ありそうな反問は「その指示は宛先違いじゃないですか?」という問いです。

「すみません。その命令は宛先が違うんじゃないですか? うちじゃなくて、他の人宛のメッセージが誤配されたんじゃないですか? 私はアブラハムですよ。あなたの教えを敬虔に守り通している篤信のアブラハムですよ。私のところにそんな理不尽な命令が来るはずないじゃないですか?」ふつうはそう問い返すような気がします。

でも、アブラハムはそうしなかった。ここがこの聖句の最も重要な部分だと僕は思います。どうして、アブラハムは「宛先違い」であるという可能性を検討しなかったのか？

それは主のメッセージの内容は意味不明であったけれど、それが自分宛であることについては確信があったからです。意味はわからないけれども、それが自分宛であることはわかる。そういう種類のメッセージがあります。アブラハムはそのようなメッセージを受け取りました。自分宛であることはわかるけれど、意味がわからない。しかたがないので、自分が最初にそう理解したとおりに解釈した。「あなたの子、あなたの愛しているひとり子イサクを捧げなさい」というのは、聴き取ったままの意味だとして受け入れた。

『ヨブ記』ではアブラハムとちょうど反対のケースが扱われています。ヨブもまたアブラハムと同じく篤信の生活を送ってきました。そしていきなり不幸な目に遭います。家族を失い家産を失い、自分自身も死病に取り憑かれます。ヨブはこれが神の仕業であるということはわかっています。でも、納得ができない。こんな仕打ちは理不尽ではないかと神に異議を申し立てる。

私は久しく信仰を保ち、戒律を守ってきた。けれども不幸になった。神よ、これは理不尽ではないか。罰を与える相手が違うんじゃないですか？　神に向かってそう抗議した。「なぜ、わたしに狙いを定められるのですか。なぜ、わたしを負担とされるのですか」（『ヨブ記』七章二十節）。ヨブは主からのメッセージの宛先であることを拒否します。「あなたが捜し求めても、わたしはもういないでしょう」（同二十一節）。ヨブはそのせいでさらに厳しい罰を受けることになりました。

アブラハムとヨブの身に起きたことを見比べると、一神教信仰の根本にあるものが何かがわかります。それは外部から到来する人間の理解も共感も絶した命令について、人間はそれが何を意味するのかが理解できなくても、それが自分宛のメッセージであるかどうかは見誤るはずがない、ということです。

存在を認知し合う瞬間

そして、主が、絶対的他者が私宛のメッセージを送ってくるということは、主からのひとつの懇願であるわけですね。「アブラハム、君に用事があるんだ」。どれほど不条理であっても難解であっても、人間は主からの「君に用事がある」というメッセージは聞き逃すはずがない。

メッセージはその受信者が「はい、私が受信者です」と名乗らない限り、行き場がありません。宙に浮いてしまう。引き取り手のないメッセージはメッセージとしては成り立たない。メッセージの受信者であると名乗ることは、メッセージを認知するだけでなく、メッセージの発信者の存在を認知することでもあります。ですから、主から下る言葉を聴くものは、主から下る言葉のコンテンツを理解することによってではなく、主から下る言葉が自分宛のものだとわかったという一事によって主を祝福しているのです。つまり、誤解を恐れずに言えば、「これは（意味不明だけれど）神さまから私宛のメッセージだ」と思った人間が出現した瞬間に、神はこの世に存在した。

一神教信仰の起源をなす信仰経験とは、主の教えを理解することではなく、理解もできず共感もできぬ絶対的に外部的な、絶対的に他者的なメッセージを「自分宛」だと直感し、そのことによってこの世界に「人間の理解も共感も絶した他者」のための空位を穿ったということなのである。僕はそう理解します。

では、なぜメッセージの宛先が自分であるということがわかるのか。別にそれほど例外的な経験ではありません。誰もが一度は経験しています。それは母語の習得においてです。

生まれたばかりの赤ちゃんは母語を知りません。だから母親や父親から何を話しかけられても、意味はわからない。でも、意味がわからなくても、その空気の波動がまっすぐ自分に向かっていることは、わかる。それさえわかれば、コンテンツを理解できるようになるのは時間の問題です。逆に、どれほど多くの言語記号が行き交っている場に置かれても、誰一人赤ちゃんに向けて語りかけていないのなら、その子はついに母語を習得できないでしょう（こんな危険な実験はできませんけれど）。

竹内敏晴さんはコミュニケーションと身体技法の専門家ですが、竹内さんが行うエクササイズのなかに、何人か立ってもらって、その背中に向かって、「こんにちは」と呼びかけるものがあります。そうすると、呼びかけられた人は「わかる」んだそうです。背中に矢が立つようにメッセージが当たるのがわかる。そのような身体に届くメッセージと届かないメッセージがある。

自分が宛先であるかそうでないかを人間はかなりの確度で感知することができる。それはアイコンタクトがあるとか、何かサインをしているということではありません。わかるんです。なぜなら、自分が宛先であるということは言い換えると「あなたは存在する」という承認の合図だからです。自分自身がこの世界に存在しているということを証明する言葉だからです。それは「君に用がある」と告げている。それは「私は存在している」ということを他者から証明してもらったということです。「君に用がある」と私に告げる他者が未知のものであるほど、外部的であるほど、私といかなる利害関係も共通性も持たないものであればあるほど、つまり「私に用があるはずがない」度が高いほど、この「君に用がある」というメッセージの真正性は高まることになります。

二十年ほど前、東京駅で雑踏のなかで人を待っているとき、二〇メートルくらい離れた改札口を出てきた外国人の男性がまっすぐ僕に向かって歩いてきたことがありました。人混みをかきわけて来たのです。もちろん見たこともない人です。その人は僕の前に立つと英語で「今新幹線を降りたのだが、車内にコートを忘れてしまった。どうしたらいいだろう」と言いました。僕は彼を駅の事務室に連れて行って、乗ってきた新幹線の到着時間とだいたいの車両を告げてそのコートを探してもらいました。さいわいすぐに彼のコートは発見されました。僕は「よかったね」と言ってまたもとの待ち合わせ場所に戻ったのですが、不思議な経験でした。なぜ、彼は何百人も人がいる雑踏のなかから僕を選び出したのか。そして、そのとき「君に用がある」と彼に告げられたときに、僕は「迷惑だな」と思う代わりに、一種の高揚感をむしろ感じたのです。それは端的に「あなたはこの世界に存在するし、存在することを（少なくとも私によっては）懇請されている」というメッセージを彼が僕に送っていたからです。

「私はあなたに用がある」

人間は自分が存在することについて十全な確信を持つことができずにいます。自分がいるのかいないのか、いてよいのかいけないのか、いるべきなのかそうではないのか、それを僕たちは権利上、自己決定することができません。僕たちに存在根拠を提供してくれるのは他者だけです。僕と何の利害関係もないし、共通の生活基盤も持たない、見ず知らずの人から「私はあなたに用がある」と言われると僕たちは強く動かされる。それはその人から「あなたは存在するし、私はあなたが存在することを願っている」というメッセージを送られたからです。

そして、もちろん「私はあなたに用がある」というメッセージは受信者が「これは私宛のメッセージだ」と感じてくれない限り、まったく無内容・無意味なものにとどまる他ない。つまり、これは受信者と発信者が同時的・相互的にそれぞれが存在することを認知し合うという同期的な構造の出来事なのです。雷鳴でも雲の柱でも燃える柴でも、何でもいい、それを「自分宛のメッセージだ」と直感した人が出現したその瞬間に、一神教信仰は生まれた。その瞬間に、「主」という概念もまた生まれた。

レヴィナスの「顔」が「目指す」という動詞の派生語であるということの意味も、「宛先」という補助概念を挿入してみると少しだけわかりやすくなります。人間にとっての根源的経験は「顔との出会いである」というレヴィナスのテーゼを僕ふうに言い換えれば、人間にとっての根源的経験は「宛先として他者に呼びかけられること」であるということになります。そのとき私の主体性は基礎づけられ、同時に私の理解も共感も絶した境位にある他者もまた基礎づけられる。

そのとき呼びかけの内容は理解できないものでも構わない。というか、理解できないものであればあるほど、「顔」の「顔性」は際立つ。そういうことです。家族から挨拶される場合と、近所の人から挨拶される場合と、見知らぬ土地で言葉の通じない人から挨拶される場合と、円盤に乗ってきたエイリアンから挨拶される場合では、「自分はこの世に存在するのだ」という存在確信の程度がちょっとずつ違います。最も遠い他者、最も外部的な他者、最も異邦的な他者こそが最も確かに私の存在を基礎づけてくれる。彼からの挨拶が含意する「あなたが存在することを私は懇願する」という祝福の力もそれだけ力強いものになる。そういうことです。

レヴィナスの引用を読んでみます。

顔、それは決して見られるものではありません。それは対象ではありません。それは出現しつつなお外部性をとどめる何かです。それは同時に訴えである。あるいはあなたの有責性に与えられた命令です。顔に出会うとは、いきなりひとつの請求あるいは命令を聞くことなのです。私は顔をまさにヴィジョンの彼方にあるもの、あるいは顔のヴィジョンと融合しているものとして定義しています。(中略)顔はまた、他者を引き受けてその介護をすることを、他者を一人にしておかないことを命じます。あなたは神の声を聴くのです。もし、あなたが顔を写真の対象のようなものとして観念している限り、あなたは他の対象と同じような一個の対象とかかわっていることになります。けれども、もしあなたが顔と出会うのであれば、他者のこの異邦性と赤貧のうちに、あなたの有責性が生じるはずです。顔はあなたの慈愛とあなたの責務に与えられます。[*2]

それは福音か、呪いか

もう時間が来ました。最後に冒頭の質問に答えておきましょう。

外部から到来してくる超越的なものの切迫についてのお訊ねでした。それが善なのか悪なのか、有用なのか有害なのか、それを判定する基準をあらかじめ持っていないような他者の切迫に対して私たちはどう応接したらよいのか。答えはもうおわかりですね。

その切迫するものがまっすぐあなたに向かっているなら、それが発するメッセージがあなた宛のものであるなら、それは受け入れてよい。メッセージがあなた宛でなければ聞き流す。もし「みなさん」というような不特定多数に向かって地引き網で引くような「数打ちゃ当たる」的なメッセージが来たとしたら、そんなものは相手にすることはありません。そのようなメッセージは実は発信者がいないからです。不特定多数に対して、誰でもいい誰かに対して、自分が何ものであるかを明かさないで告げられるメッセージは受信者も発信者もいないメッセージです。そのようなメッセージは受け取ってはいけません。これはたいせつなことですから、覚えておいてください。引き受け手のいない思念や感情は、それ自体で邪悪な効果をもたらします。

固有名を持った発信者から、固有名を持った受信者めざしてまっすぐに向けられるメッセージは受け入れてもよい。おそらくは受け入れるべきものだからです。あなたを指名して、あなたを宛先にしてまっすぐに送られてくる言葉は、あなたの存在を証明し、あなたに存在感を贈ってくれる。あなたを祝福している。それが理解できないメッセージであっても、あなた宛のものであれば、それは「グッドニューズ」すなわち福音であるのです。そう考えると、「非福音的なもの」とは何かがわかります。それは発信者も受信者もいないメッセージです。

発信者を匿名にしてあきらかにせず、かつ受信者も不特定多数であるようなメッセージは本質的に非福音的です。というのは、仮にそのメッセージが「政治的に正しいふるまい」を要求するものであっても、宛先が不特定多数であるということは、「君は別に『イヤだ』と言ってもらっても構わない。君の代わりにそれをしてくれる人が他にいくらでもいるのだから。君は別に僕のメッセージを理解しなくてもいい、君の代わりにそれを理解してくれる人が他にいくらでもいるのだから」というメッセージを言外に発信しているということとを意味します。それは「君はいてもいなくても、私にとってはどちらでもいい人間だ」ということを暗に告げています。ですから、そういうメッセージに触れると僕たちは深い疲労感を覚えるのです。それはこういう言葉がすでに「呪いの言葉」として活発に機能していることを表しています。

メッセージに応えて生きる

僕にとってのレヴィナスの読書経験というのは、見ず知らずの外国人からいきなり話しかけられて、自分に理解できない外国語で何かをまくしたてられているという経験に近いものでした。何を言っているのかはまったくわからない。でも、この人が他ならぬ僕に用事があるということだけはわかったのです。まるで襟首をつかまれて耳元でがんがん言われているような気がした。気がしただけで、実際にはただフランス語の本を読んでいただけですけれど。

でも、そのときにこの人の書いていることを理解できるように自己形成しなければならないということはわかった。僕がレヴィナスを理解できないのは、単に哲学史的な知識がないからでも、フランス語の理解力が低いからでもない。端的に自分が人間として未成熟だからここに書いてあることの意味がわからないのだということはわかった。

それは母親に自分に理解できない言葉で語りかけられている赤ちゃんの気分に近いものだったと思います。何を言っているのかわからない。でも、宛先が自分であることはわかる。そのコンテンツを理解するためには、このメッセージを浴びるように聴きながら日々を過ごし、それが理解できるところまで成長する他ない。もちろん赤ちゃんはそんな言葉づかいをしませんけれど、実践的にはそういうことです。

「成熟せよ」。レヴィナスから僕が受け取ったメッセージはこの一文に集約されると思います。間違いなく「成熟せよ」というメッセージの宛先は僕でした。自分がどれほど未熟であるか、その頃でもたぶんなんとなくはわかっていたのだと思います。まっとうな大人になるように、今から生き方を変えないといずれたいへんなことになるということはなんとなくわかっていた。だからこそ、「成熟せよ」「私の書くことが理解できるようになるまで学び続けなさい」という命令文が身にしみた。あるいは、僕自身が自分の未熟ぶりにうんざりしていて、誰でもいい誰か「すごい人」から「成熟せよ」という個人的なメッセージを送って欲しかった。それで「空耳」したのかもしれません。今となってはどちらでもいいことです。

とにかく僕は自分宛のメッセージをレヴィナスから受け取った。あるいは受け取ったと勘違いした。これは実践的には同じことです。そして、そのとき僕は一神教信仰の原点にある主の言葉「あなたの生まれ故郷、父の家を出て、私が示すその地に行きなさい」をレヴィナスから聴き取ったわけです。レヴィナス哲学というのは要するに一神教信仰のこの原点にある「命がけの飛躍」の哲学的意味を考究したものであるわけですから、僕はレヴィナスに出会ったそのときに、レヴィナス哲学の本質と直面していたとも言えるわけです。レヴィナスを理解するより先に僕はすでにレヴィナシアンであった。少しおおげさな言い方をすれば、そんなふうにも言えるかもしれません。

でも、師弟関係というのは多かれ少なかれそういうものだと思います。師の偉大さがどれほどのものかを言葉で語ることもできず、他の師たちとの相対的な優劣を論ずる物差しも持たないにもかかわらず、「この人が私の師だ」と深く直感するところから僕たちは修業の道に入ってゆきます。僕はそのようにして、レヴィナスの弟子というものになったのでした。

レヴィナス哲学の基本概念に「有責性」(responsabilité)というものがあります。これは文字通り「返答しうること」です。呼びかけがある、それに対して返答できる条件はひとつしかありません。それは「この呼びかけは私宛のものだ」と確信できたということです。レヴィナスの「有責性」という言葉を研究者はときに法律的に解釈し、ときに倫理的に解釈していますが、どうも息苦しい感じがする。まるで何か「なすべきこと」があって、それをちゃんと遂行しないと人間として許されない、というような抑圧的な文脈でレヴィナスの「有責性」という語が引かれる場合が多いからです。

でも、僕の「有責性」解釈はそういうものではありません。文字通り「返答する」(répondre)ことができるという事況そのものを指している。僕はそう思っています。そして、返答するためには、その呼びかけが他ならぬ自分宛のものであることが確信されており、それゆえに返答するに先立ってすでに「呼びかけている人」から「あなたは存在するし、存在してよいのだし、私はあなたが存在することを望んでいる」というかたちで祝福されているのでなければなりません。ですから、「有責性」とはすでに受け取ってしまったその祝福に対しての返礼である、と。僕はそんなふうに考えています。

僕自身は二十代のある日、レヴィナスに呼びかけられた。それは僕にとっては祝福を受けたことに等しかった。ほんとうにそうだったと思います。ですからそれから三十数年、その祝福に対してどうやって「お返し」をしようかずっと考えてきています。翻訳したり、研究論文を書いたり、あるいはこうやって「レヴィナス哲学とはどういうものか」について語ったりすることはすべて「お返し」の一部であるわけです。そういう作業を通じて、しだいに「恩師にまったくお返しができていない」状態から「そこそこお返しができているのかな……」という状態に移行しつつあるのではないかと思います。その「お返しができるようになること」を僕はレヴィナスの「有責性」の本質的な意味だろうと思っています。こんな解釈をする人はたぶん僕の他に誰もいないだろうと思いますけれど。でも、僕がレヴィナスについて語るときの最もはっきりした動機づけは「師への感謝」です。それは他の人たちに「そんな動機でレヴィナスについて語るな」と言われても止めるわけにはゆかないことなのです。

最後はなんとかレヴィナスの話に「着地」することができました。みなさん、三日間どうもありがとうございました。

注

＊1 Saussure, Ferdinand de *Cours de linguistique générale*, Payot, 1972, p.33

＊2 Lévinas, Emmanuel et Poirié, François *Qui êtes-vous, Emmanul Lévinas?*, La Manufacture, 1986

第二部

「日本的」霊性と現代のスピリチュアリティ

釈 徹宗

第一章　大拙の『日本的霊性』を読む

以前、テレビで宮崎駿《はやお》さんが「大事なことは、たいてい面倒くさい」と発言されていました。今回の取り組みである霊性の問題もかなり面倒です。話が行ったり来たりしますからね。まじめに向き合っても、なかなかすっきりすることはない。でも大事なことなのです。

二〇一一年の東日本大震災が発生した際に、『方丈記』の文庫本がとても売れたそうです。鎌倉初期に鴨長明が世の無常を綴ったこの書は、新しい版で増刷になったそうです。なぜこんな現象が起こったのでしょうか。おそらく、人々が伝統的な知見を求めたからでしょう。日常がいかにもろいものであるかを突きつけられ、社会の価値がゆらぐとき、人は人類が蓄積してきた叡智にヒントを求めます。連綿と続く語りに耳を傾け、見えないものに目をこらします。

実は東日本大震災以降、内田先生は「霊性の賦活が急務である」と発言を続けておられました。と同時に、霊性復活への道筋として鈴木大拙の『日本的霊性』をしばしば引用されていました。講演や雑談などを通じて、内田先生が大拙の霊性論に注目されておられることがわかったものですから、この機会にみなさんと一緒に読んでみようという気になったのです。そんなわけで、私の担当パートは『日本的霊性』を読むところから始めます。

（1）大拙が考えた「日本的霊性」

大拙が輸入した「霊性」という言葉

みなさんは「霊性」という言葉を聞いて、どんなイメージをもちますか。私はなんとなく共鳴盤みたいなものを思い描いています。その共鳴盤は誰もが内蔵しているけれど、何かに共振して振動しないことには機能しない。振動しないとその共鳴盤があることにも気がつかない。しかし、共鳴盤が振動している人や場と出会うと、自分の霊性が共振し始めます。

あるいは別の表現でいうと、霊性は「宗教の源泉」みたいなものでしょうか。それは宗教だけじゃなく、科学やアートなどの源泉でもある。この源泉を汲み上げる装置として、仏教やキリスト教のような体系があるといったところです。二〇〇五年に内田先生と行った「現代霊性論」という講義では、そんなお話をしました。

しかし、霊性論の先駆者である鈴木大拙が語る霊性は、そういったものではありません。大拙のイメージした霊性とはどのようなものなのか、そのあたりをテキストから読み取っていきましょう。

「霊性」という日本語自体は前近代からありました。中世にも使用例がある。そして、近代になって、独特の意味合いで「霊性」という用語を活用したのは大拙が初めてです。大拙は、科学者であり神秘主義者でもあったエマヌエル・スウェーデンボルグの著作に出てくるspiritualityを「霊性」と翻訳しました。今日的な意味での「霊性」は、これが最初の用例でしょう。

英語のspiritualityという用語も、おそらく近代になってから使われだしたと思います。キリスト教の「聖霊」を表すspiritなどは使われてきましたが。

さて、今回取り上げる『日本的霊性』は、一九四四（昭和十九）年に大拙が発表した著作です。ここから大拙が説く霊性を読み取ります。ただ、意外と「これが霊性だ」とはっきり定義できるような話はなかなか出てこなくて、霊性とはこんなもんじゃないとか、こういうのは霊性とは言わない、霊性にはこんな特性がある、などといった文章が続いています。ですから、一読しただけですっきりわかるわけではない。そんな著作です。

おそらく大拙には、「深い宗教的体験を経た人なら、これを読めばばっちり伝わるはずだ」との自信があったことでしょう。

今日を含めて全三回の講座ですが、第一回の今日は『日本的霊性』を俯瞰して、そこで得た手がかりをもとに霊性やスピリチュアリティ一般について、歴史的な視点でも考察を加えてみます。次は「宗教的人格」というものについて考えてみたいと思います。すなわち、「宗教によって育まれるパーソナリティというのはどういうものか」について考察すれば、我々が取り組んでいる「霊性」という言葉のイメージもかなり具体的になるのではないでしょうか。ここで、宗教的人格のモデルとして大拙が挙げている「妙好人《みょうこうにん》」を取り上げようと思っています。そして、第三回は全体のまとめというようなことで進めていきます。

霊性は「精神」とは違う

それでは、『日本的霊性』[*1]を使って鈴木大拙の霊性論をたどってみましょう。

大拙は、「日本的霊性」というアイデア自体は、かなり早い時期から持っていたようです。親友の哲学者・西田幾多郎との往復書簡[*2]のなかで、「僕は今、宗教の根源について考えているんだ」とか、「あらゆる宗教が到達する地平みたいなものについて考えたい」と書いております。それがこの著作によって一応のかたちを結んだといったところです。大拙が考える「日本的霊性」について、序盤から五つのことが読み取れます。

まず「**霊性は精神とは違う**」といったことから書き始めています。霊性は、精神や心という意味では包みきれない。なぜなら、精神というのは物質の対立項であるからです。自分が考えている霊性というのは、物質の対立項というようなものではないって言うんですね。そもそも二項対立が成立しないところに霊性がある。〈精神には倫理性があるが、霊性はそれを超越している〉（『日本的霊性』一七頁。以下〈〉は同書より引用）。精神とか、心というと、どうも自我の残り滓《かす》みたいに感じられて、私が考えている霊性とはちょっと違うんだ、と書いています。また、〈霊性を宗教意識と言ってよい〉（一七頁）とも語っている。つまり、宗教意識と言ってもいいんだけれども、「宗教」と言うと○○教や△△宗のことと勘違いする人間がいるので「霊性」という表現を使う、そういった意図です。

鎌倉時代に目覚めた日本的霊性

次に、大拙は「**霊性はある程度の文化階段に進まねば覚醒しない**」と述べています。大拙の説では、日本で霊性が花開いたのは鎌倉時代である、ということになります。特に日本仏教と伊勢神道に注目しています。日本仏教では禅と念仏を軸に考察している。また日蓮による『守護国家論』なども高く評価しています。そして伊勢神道の『神道五部書』。神道の教説書です。このあたりに日本的霊性の覚醒を見るわけです。

単に「日本的」であるものならば、鎌倉時代以前にもたくさん展開されている。ところが「日本的霊性」となると鎌倉時代に初めて表出したんだ、というのが大拙の説なのです。大拙が考える霊性というのは、かなり高次のもの、高いレベルでの宗教意識のことなんですね。私がさっきお話ししたような、誰もが内蔵している宗教性、宗教の源泉みたいなことじゃないんですよ。相当に道をきわめたところで光を放つようなものを、大拙は「霊性」ととらえていたのです。しかも、その「霊性」は何らかの機縁がないと目覚めない。例えば、鎌倉時代でいえば、大きな政治的・経済的変動、元寇によって社会が揺れるとか、すごく大きな転換期を機縁として覚醒した。そういう理路です。

また、大拙は「霊性と制度化された宗教とは関係がない」と言うんですよ。仏教とか神道とかキリスト教とか、そういう特定の体系とは関係なしに発揮されるものであると考えていたようです。それが日本の場合は鎌倉時代に発揮された。

その具現化にはふたつあって、ひとつは「絶対他力」であり、もうひとつは「教外別伝《きょうげべつでん》」だと語っています。

この場合の「絶対他力」とは、日本の浄土系の仏道を指します。これは法然・親鸞によって出現した日本的霊性の能動的活現だというのです。

そして、「教外別伝」というのは禅の仏道のことです。教外別伝というのは、言語化・文字化された教えにとらわれていては、教えの本質をつかむことはできない、とする立場です。大拙は禅が持つ知的直覚性が日本的霊性の表現を成就したとします。

また本書の「緒言」では、〈禅が日本的霊性を表詮《ひょうせん》しているというのは、禅が日本人の生活の中に根深く食い込んでいるという意味ではない。それよりもむしろ日本人の生活そのものが、禅的であると言った方がよい〉(二二頁)などと述べています。禅の影響を受けて日本人の生活が変質したというよりも、もともと日本人は禅的な生活をしていた。それが、禅の体系と融合することで明確化したんだというわけです。

考えてみれば、日本という地域はあたかも東の端の吹きだまり的に、南方アジアや北方アジアからさまざまなものがやってきて混在・熟成しました。もうこれ以上、東へと行けないどん詰まりなので、融合し共存するしかないんですね。

だから日本的霊性から見るならば、仏教は単に外来宗教とはいえない。もともと日本という地域に潜んでいた霊性と、インドや中国に息づく仏教的なものとがケミストリーを起こした。その精華が日本仏教の禅と念仏である。だからその証拠に、インドにも中国にも親鸞は出なかったじゃないか、そんな話を大拙は展開しています。

ちなみに、この日本の念仏の教え、浄土系の仏道について、大拙は独特の考えを持っています。それは、法然と親鸞をひとつの人格として見るという立場です。本人も書いていますが、これはずいぶん批判されたそうです。でも大拙はその説を捨てませんでしたね。法然一人でもダメで、親鸞一人でもダメで、この二人を一人格と見れば、日本的霊性がわかると主張しています。中世における日本の知的土壌は、東洋思想のほとんどすべてをカバーしているような段階へと至った。そこに出てきたのがこの二人であると。

つまり大拙に言わせれば、仏教は外来のものだけど、日本仏教は外来のものではない、ということになります。日本仏教というのは、日本的霊性が花開いてできたものなので、日本のものだと言うんですよね。こういう霊性論は大拙オリジナルでして、他にこんなことを言っている人はあまりいません。

さて、先ほども少し触れましたが、大拙は鎌倉時代以前は文化的にまだ成熟していなかったと考えていました。例えば平安時代の「もののあわれ」などにも日本的霊性の萌芽はあるが、どう考えても何か薄い、深みがない、そのように大拙は言います。「むやみに感傷的だ」とか、「いつも袖を濡らして泣いてばかりいる」なんて悪口書いています（笑）。大地と自分がひとつであるような、突き抜けたところがないって言うんですね。それでは日本の霊性は花開かない。

　また、学者はよく「平安末期から末法思想が人々に拡大して」などと言うが、末世なんてものは仏教に限らずいつの世でも感じることだし、そもそも庶民は末法思想なんて知らなかったはずだ、と大拙は考えます。そんなことよりも、念仏の仏道が大きく展開したのは、浄土仏教が持つ「自分自身を内省する」というところによる。その一点によって日本人の精神が初めて宗教的な覚醒へと至ることになった。極端に言ってしまえば、末法とか極楽往生とか、そんな教義よりも、「一庶民が自分自身を見つめる」という手法をもたらしたところに浄土仏教の大きな働きがあった。その結果、庶民の間に日本的霊性が芽吹いた、息づいた、というわけです。

　もうひとつだけつけ加えますね。前述のように、大拙は日本的霊性の顕現として、日本仏教だけじゃなく、伊勢神道の『神道五部書』にも注目していました。

　伊勢神道というのは、それまでの仏教優位の神道解釈から脱却しようとした神道です。もともと神道は、共同体をつなぐ機能として発達した宗教なので、教義や思想を持っていたわけではありません。それが徐々に仏教や儒教や道教といった外来のものに姿を借りて体系化していったんですね。一方、伊勢神道は、そのような他宗教の影響をできるだけ排してオリジナリティ高い神道教義を目指しました。「正直」とか「清浄」などの理念を軸としたんですね。

当時の浄土思想などの展開に比べるとまだまだではあるものの、伊勢神道が「それみずから」に初めて目覚めた神道であり、『神道五部書』が日本的精神の自覚であることは間違いない、そのように述べています。

日本的霊性は受動的

日本的霊性論のポイント三つめ、「**霊性は受動的である**」というところをおさえておきましょう。ここを考察する際に手掛かりとなるのは、「なぜ浄土教、ことに真宗が庶民階級に広まったのか」といったところです。それは、他力の教えの特質に宗教の原理があるからだと大拙は主張しています。他力の教えによって霊性の扉は開く、浄土真宗はそこを十分に把握することができたために庶民的なものとなり得た、というわけです。

仏教というのは、「自分というもの」を小さくすることによって、生きる上で避けることのできない苦しみを小さくするというタイプの宗教です。ところが、自分というものを捨てきれない者もいる。そうした人のための仏道が「他力の仏道」です。

これは日本仏教において大きく発達した仏道だと言えます。その代表的宗派が浄土宗と浄土真宗です。他者を傷つけて生きていかざるを得ない、嘘をついて生きていかざるを得ない、自分というものを捨てられない、そんな愚者のための仏道です。他力とは阿弥陀仏の願いの力、救いの力を指します。

しかし、ここで大拙が強調しているのは、阿弥陀仏による救済ストーリーではなくて、仏道を歩む者の「あるがままに身をお任せする」という態度です。大拙は、我が身のすべてをそのまま仏の大慈悲になげうちお任せする、そんな全面的な自己放棄に、絶対他力の世界を見ています。そして、その態度が日本的霊性の覚醒へとつながった。そこには、因果とか輪廻《りんね》とか、いわゆるインドから連綿と続く仏教の教義はあまり関係ないと言い切ります。それよりも、あるがままに任せるという態度にこそ、日本的霊性を考察する肝要があるわけです。

大地を離れられない

四番目に挙げられるのが、「**日本的霊性は大地を離れられない**」ということです。本書を読んでいて強く感じるのが、「大拙が日本的霊性を体現したと考えるモデルは、農民と武士だ」というところです。つまり、それは大地に根ざす人たちなのです。政治家とか、貴族とか、そのあたりには大地というものはない。地に足を着けて田畑を耕したり、その地域にしがみつき苦悩しながら生き抜く、そこに霊性が育まれる。大地に根を下ろさなければ、花は開かない。そんな視点から日本的霊性は語られています。

そこで取り上げられるのが親鸞です。この人は、三十五歳で越後（新潟）へと流罪になっています。流罪地において農民たちと一緒に暮らした、ここに親鸞の霊性は花開いたとする。これも大拙の独特の見解ですね。日本的霊性は当時の京都にはなかったって言います。なにしろ貴族は泣いてばかりだからダメなんです（笑）。もののあわれとか、薄っぺらい。

北関東には、親鸞の「田植え歌」伝承なども残っているんですよ。農民と一緒に歌を歌いながら田植えをする親鸞。そこで彼は大地と出会い、霊性が花開いた。やはり、それは「日本的」としか表現しようがない、日本的な霊性のあり方だと。因果とか、縁起とか、業とか、もはやすべての理念をうち捨てて、仏の慈悲の働きに我が身を投げ入れる。それが大拙の考える浄土真宗なんですね。こういう態度こそが絶対他力だ。それは教外別伝の禅にも通じる。そこに日本的霊性がある。そんなふうに論を展開しています。だから大拙は「浄土真宗教団」と「浄土真宗経験」とは区別して考えるべきだと言います。

ここで少し付言しますと、大拙は法然を、親鸞のように大地性を帯びているとし、「法然が遊女を救う」という有名なエピソードを非常に高く評価しています。それはこんなエピソードです。現在でいえば兵庫県の、室《むろ》という港町で法然はある遊女と出会います。その遊女は、「私のようなものでも救われるんでしょうか」と法然に問います。そうすると法然は、「もしあなたが今の生業《なりわい》をやめることができるなら、やめるのがいいでしょう。しかし、もし他に食べていくすべがないならば、その身のままでお念仏しなさい」と応えます（『勅修御伝』巻三四）。このストーリーに大拙は強く惹かれており、庶民の生活を取り巻く〈生々しい現実性〉こそ〈大地の根本的性格〉である（一〇五頁）というのです。

仏教は日本的霊性にマッチしていた

五番目としまして、「**仏教は日本的霊性の自覚の顕現である**」があります。

〈自分の主張はまず日本的霊性なるものを主体において、その上に仏教を考えたいのである。仏教が外から来て、日本に植えつけられて、何百年も千年以上も経って、日本的風土化して、もはや外国渡来のものでなくなったと言うのではない。初めに日本民族の中に日本的霊性が存在していて、その霊性がたまたま仏教的なものに逢着《ほうちゃく》して、自分のうちから、その本来具有底《ほんらいぐゆうてい》を顕現したということに考えたいのである〉（六五頁）。

もともと日本人の霊性というものがあって、そこに仏教という触媒にぶつかって日本的霊性は表出した、先ほどそんなお話をしました。さらに、その表出の様式にも、やはり日本的なものがあると大拙は考えました。

霊性自体は全人類的なものだけども、その表現のしかたとか、現れ方に日本的なものがある。日本の場合、その表出の様式が仏教の思想と実にマッチしていたと言うんですね。もうとんでもない宗教的天才がやってきて、とても精緻《せいち》でよくできた宗教体系を提示したとしても、それがそこの風土の霊性に合わないと表出してこないと言うんです。日本という地域では、仏教的なものがもともとそこにある霊性とまことに相性がよかった。だから日本的霊性がバッと噴出した。

日本仏教というのは、日本の土地で暮らす人たちが内包していた宗教性や宗教意識からできあがっている。だから、大乗仏教の二本柱である「中観《ちゅうがん》」(「空」の論理を中心とした派。第二部第二章参照)と「唯識《ゆいしき》」(あらゆる存在や現象を心の動きで説明する派)など、大地と離れた、思索的すぎるものは庶民に浸透しなかった。それは日本人がもともと持っていた霊性と合っていなかったからだと言います。

もともとの仏教思想から考えると、浄土往生や念仏の教えは脇役です。東アジア地域で拡大はするものの、やはりそれだけで大きな体系とはならない。しかし、日本ではものすごく発達して、ある意味で究極の完成形へと到達する。なぜか。それは日本的霊性とマッチしているから、というのです。

ついでに言いますと、大拙は真言の教えも日本的霊性にマッチしないと述べています。真言の教えとは密教ですね。密教は深いところではあまりにもインド的、概念的すぎて……、と言っていますす。真言宗の方にはたいへん申し訳ないです。私が言っているんじゃなくて、大拙の主張です。このように密教的なものと日本的霊性は、深層のところで異なるとするのが大拙の見解です。

実は巷間《こうかん》言われているように、「日本はどんな宗教だって受け入れて融合してしまう」というわけではありません。少なくとも私はそう考えております。例えば儒教がやってきても、「天」といった理念はそれほど根づきませんでした（この場合の「天」は世界の根源的な意思で、唯一神的性格をもつ。王権も天命によって正当化される）。仏教だって、結果的には出家文化が変質してしまい、在俗のスタイルが定着した。なんらかの体系がやってきても、合うものだけが土着する。ぼんやりした取捨選択が起きる。

宗教だけではありません。日本は早くから言語が発達していたのに、文字の展開はけっこう遅かった。文字自体は大陸から早々にやってきているのに、それが機能し始めるまで五百年くらいかかっているそうです。

つまり日本では、何でもかんでも抵抗なく取り込んでしまうわけではなく、じっくりと抱えて少しずつ合う部分だけを定着させていくプロセスがある。逆にいえば、合うものはすごいスピードで土着する。そんな土地柄なのかもしれません。大拙の日本的霊性の意味するところもそんな含意があります。

(2)『日本的霊性』から日本の霊性を考える

転換期には宗教ムーブメントが起こる

ここまで、大拙の考えた霊性、あるいは日本的霊性のポイントを五つ見てきました。

① 霊性は「精神」とは違う
② 霊性はある程度の文化階段に進まねば覚醒しない
③ 霊性は受動的である
④ 日本的霊性は大地を離れられない
⑤ 仏教は日本的霊性の自覚の顕現である

さらなる理解のために、日本的霊性はこんな特性があるというふうに大拙が書いている箇所を抜き出して読んでみましょう。

〈日本民族の霊性生活史とでも言うべきものが書かれるなら、鎌倉時代にその中心を置くべきであると、自分は信ずるのである〉（八三―八四頁）

何度もお話ししたところです。鎌倉時代における禅と念仏、それに加えて日蓮の『守護国家論』、そして伊勢神道の『神道五部書』、このあたりが日本的霊性の顕現だとします。

そういえば、以前、ある有名な思想研究者としゃべっていて、「日本がほんとうの意味で日本オリジナルとして世界に発信できる思想があるとすれば、それはオタク文化と鎌倉仏教じゃないか」という話になりました。これは半分軽口のつもりなのですが、『日本的霊性』を読んでいると、半分は本気になりそうです（笑）。大拙もそんなふうに考えるかもしれませんよ。いずれにしても鎌倉時代に起こった宗教ニューウェーブが、かなりオリジナリティの高いものであることは確かです。

まあ、大雑把に俯瞰すると、日本ではこれまで政治や経済なども含め大きな社会の転換期で特定の宗教が活躍したり活性化したりすることを繰り返してきました。この鎌倉時代の仏教ニューウェーブは、平安末から鎌倉時代の大きな転換期において、新しい指針が必要とされたことに呼応したものなのでしょう。

次の大転換期は戦国時代でしょうか。この時期に活躍するのはヨーロッパから伝わったキリスト教です。キリシタンというこの時期独特の宗教が人々に多大な影響を与えます。

その次の大転換期は、幕末から明治にかけての近代初頭ですね。ここで活性化するのは神道です。いわゆる教派神道（自然発生型の神道ではなく、教祖・教団などを持つ神道）と呼ばれる一群ですね。黒住《くろずみ》教、金光《こんこう》教、天理教、少し時代が下がって大本《おおもと》など。これらが新しい宗教ウェーブとなる。

そして近代成長期を迎えて活躍するのは、日蓮宗系の新宗教です。霊友会、立正佼成会、創価学会。このあたりがよく知られています。

さらには、今日の近代成熟期、ポストモダンの時期になって宗教回帰現象と呼ばれるような動きが起こっています。一九八〇年代頃から、これまでの分類には当てはめにくいようなタイプの宗教、仏教やキリスト教や神道や近代スピリチュアリズムなどが混交した教団が教線を拡大する。阿含《あごん》宗や幸福の科学などが目につきます。このように社会の転換期と宗教の動きはけっこう密接なのです。

話を戻します。鈴木大拙は鎌倉仏教を中心に日本の宗教性や宗教心をとらえたわけです。ただ、今日では、このような鎌倉時代の新仏教中心的な史観はかなり批判されています。

徹底した自己否定

次に、日本的霊性の特性として徹底した自己否定・自己内省が語られています。

〈霊性の動きは現世の事相に対しての深い反省から始まる。（中略）（自己否定という）その病気に一遍とりつかれて、そうして再生しないと、宗教の話や霊性の消息は、とんとわからない〉（八四頁）

大拙はいろんな著作のなかで「自己否定があってこそ初めて宗教意識は呼吸をし始める」と繰り返しています。どこかで自分というものがボキッと折れるという体験なしに霊性が立ち上がることはない。ぬくぬくと「自分というもの」を温存したまま霊性が賦活するということはあり得ない。それが大拙の考える宗教意識であり、霊性なのです。私も「自分というものがどこかでボキッと折れないと見えない光景がある」という点は間違いないと考えています。

「私たった一人」のためにある仏道

続いて「われ一人」的という表現が出てきます。

〈日本的霊性なるものは、極めて具体的で現実的で個格的で「われ一、人」的である〉（一〇一―一〇二頁）

これはどういう意味なのでしょうか。この「われ一人」的の典型的な例としまして、『歎異抄』の「後序」を挙げることができます。『歎異抄』の最後のところに、「弥陀の五劫思《ごこうし》惟《ゆい》の願《がん》をよくよく案ずれば、ひとえに親鸞一人《いちにん》がためなりけり」という言葉が出てきます。そして大拙はこの言葉をしばしば引用しています。わかりやすく意訳しますと、「なぜ仏道があるのか、なぜ仏が存在するのか。突き詰めて言えば、それは私のためだ。この私たった一人のために、仏教の教えはあり、仏は存在するのだ」といったことになります。私のようにどうしても救われない者のためにこそ、救済原理である仏はいるのだ、と親鸞は告白しているのです。そこに大拙は霊性の顕現を見るわけですね。

この『歎異抄』も興味深い書物ですので、機会があればご一読ください。例えば、「第二条」などはなかなかドラマチックです。親鸞は、六十歳を過ぎてから仲間たちが暮らす北関東を離れて京都へと帰ります。ときどき関東から仲間たちが訪ねてくる。当時のことですから、命がけの旅だったようで、実際に旅の途中で亡くなる人もいたんですね。でも、どうしても親鸞に教えを請いたいので、我が身の危険もかえりみず京に訪ねてくるわけです。

そんな苦労をしてまでやってきた人たちが、親鸞と対話している場面を「第二条」は描いています。教えを求める人たちが、「これはどういうことなのでしょうか」とたずねると、親鸞は「難しいことはわからん」なんて突き放すようなことを言うんですよ。

「私はこのような教えをいただいて生きていきます。あなたたち、その道を行こうが、捨てようが、それぞれのおはからいで決めてください（面々《めんめん》のおはからいなり）」と言い放つ。そういう人なんですね。この「面々のおはからい」という表現がしびれます。

このような親鸞の姿勢に、「われ一人」的なものを見ることができる。すなわち、誰にも代わってもらうことのできない自分の全人生・全人格をかけて、迷いや苦悩に向き合い、悟りや救いと対峙し続ける姿勢を「われ一人」的と言うのでしょう。

仏教は日本的霊性の表現そのもの

さらに読み進めます。大拙は、仏教を手掛かりとして、日本的霊性は花開いた、日本仏教は日本的霊性の表現であるといいます。

〈念仏だけで助かるとか地獄にいかずにすむとかいうところにのみ、日本的霊性を見んとするのでない。これならばシナにもあり、日本でも鎌倉時代以前にもある〉（一〇八頁）

〈日本仏教は日本化した仏教だと言わずに、日本的霊性の表現そのものだと言っておいてよいのである〉（一〇九頁）

〈（霊性は普遍ではあるが）やはり霊性に日本的なものありと言ってよいと思う。感性にも日本的があり、情性にも日本的がある。従って霊性にもまたそれがあるのである〉

（一一〇頁）

このあたりもすでに見てきました。おさらいになります。日本仏教は、日本的霊性の表現だということです。日本仏教があって日本的霊性が育った、そんな話ではない。日本的霊性の表出が日本仏教である。とてもオリジナリティ高い論が展開されています。

また、大拙は農民と武士に霊性の発露を見ていると前節でお話ししましたね。大拙の世代では、あまり山の民や海の民といったオルタナティブな視点はなかったのでしょう。だから大地に根づいているのは農民と武士ということになる。今日であれば、かつての日本社会もけっこう多様であったことがわかっていますので、山の民の信仰や海の民の信仰をどう考えるかといった点にも、目を向けなければいけないでしょうね。

霊性は固定化するようなものでもない

最後に、次の文章を読んでみましょう。

〈霊性が人間生活につとめる役目を知らなければならぬ。霊性と言って、そんなものがどこかに存在するわけではないが、その働きが感ぜられるので、すべて話の都合のよいように、霊性と言うのである〉（一一三頁）

霊性と呼称して論じるのは「こう設定するとわかりやすい」という程度のものであると

考えていたことがわかります。どこかに実体があるわけではないが、仮に「霊性」というのを設定すればいろんなパズルが解ける。人にも伝えやすい。そんな話なんですね。だから、目に見えないけどあるのだ、などと実体的に考えているのでもない。このあたりは、大拙以前で使われていた「霊性」という言葉の用例とは異なるところです。それまでは、「霊魂」といった意味で使用されていましたから。

とりあえずある働きを「霊性」と名づけて、自分のイメージを語っていこう、対話してみよう、といったところでしょうか。大拙自身、霊性という理念を〈決してそんなものを固定化してはならぬのである〉(二一三頁)というふうに結んでおります。何か固定化しようとすると、それをまた壊す。脱構築を繰り返す。ここらあたり、禅者である大拙の本領発揮という気がいたします。

「霊性的直覚」と「純粋経験」

『日本的霊性』を読んでいますと、ここで語られている霊性とは、哲学者のアンリ・ベルグソンが語る「純粋経験」に近いのではないかと感じます。すなわち、主体と客体が未分である瞬間、他に何のノイズもない状況。そこにはもう私とあなたの境目さえない。そのような局面が日本的霊性であると言っている気もするんですよね。

しばしば「主客未分」の例に使われるものとして、次のようなものがあります。「よく見れば薺《なずな》花咲く垣根かな」という芭蕉の句。芭蕉がナズナと出会ったその瞬間、芭蕉とナズナの境界線はない。これは、主客未分の純粋な経験です。

しかし、それを表現しようとして、「よく見れば」と言葉にした時点で、すでに芭蕉とナズナはまったく別のものとして線引きされます。認識する側と認識される側に分かれてしまう。出会いが成立した瞬間、主客未分の境地。そんなとてもピュアな局面も、大拙の霊性論には含まれていると思われます。というのも、大拙は「霊性的直覚」という言葉を繰り返し使うのです。それは、主客未分の直覚であり、仏教が説く無分別智的な世界の把握であるわけです。

「空気」がドグマの日本教

さて、ここまで鈴木大拙が考えた「日本的霊性」というものについて考えてきましたが、この「日本的」について、少し別の視点からみてみましょう。

「日本教」という概念を提示し、宗教評論で活躍したクリスチャン・山本七平の言葉に注目しようと思います。山本さんと社会学者の小室直樹さんの共著『日本教の社会学』から引用してみます。

小室　ひとたび日本に入ってくると、キリスト教でも、仏教でも、儒教でも、あちらのものとは似ても似つかないものに変容してしまう。そして、独特な様相をおびてくる。まったく不思議千万なのですが、このことが、日本教という概念装置を用いると明快に説明され得る。つまり、みんな日本教の分派になってしまうんです。要するに、日本教とは、日本人の行動様式《エトス》そのものであり、何教を信じようとも、どんなイデオロギーを持とうとも、結局、日本人はみんな日本教徒なのです。

（中略）

山本　つまり、原則のないところが、日本教の日本教たるゆえんである。ところが、宗教で原則と言えば教義《ドグマ》でしょ。（中略）日本教には教義はありようがありませんね。

小室　しかし他方、日本教にもそうした意味の教義はないにもかかわらず、機能においては教義の働きをするものがあるように思うのです。（中略）そうした観点で、日本教に教義と同じ機能をするものはないかと探ってゆくと、山本さんが提起された「空気」につきあたるわけですね。[*3]

二人は「どんなものが入ってきても〝日本教〟になってしまう」「日本人はみな日本教

の信者である」と語り合います。では、その「日本教」の教義とはどんなものなのでしょうか。それは「空気」だとしています。

そして、「空気はその内容が明示されることはない」「こういうものであるといった思想体系にはなり得ない」、「しかし、空気に抵抗することはできない」と対話を続けています。

山本七平は、キリスト教と日本人という組み合わせについていろいろと考えた人です。彼によりますと、「絶対の唯一神との契約」を基盤としている社会では「空気」は発生しない、とのこと。また、規範が明白な社会でも「空気」はない。さらに、歴史という考え方が明確な社会でも「空気」は発生しない。そんな論調です。あきらかに、日本教を考える上で対照しているのは、ユダヤ－キリスト教だとわかります。すなわち、ユダヤ－キリスト教の対立項として「空気」を設定しているのです。

歴史うんぬんに関しては、日本ではつねに「今」という意識が強いから空気がドグマになる。そう語っています。

うーん、「今」と表現するとなんだかピンときませんが、これは「場」のことでしょうね。「この場を支配するドグマが空気」ということでしょう。とにかく日本の宗教性というのは、「その場その場において発揮されるものを感知する」といった傾向が強い。統一的な体系に沿って道を歩んでいくのではなくて、その場に身を置いてその場の宗教性に自分を同調させる、それが日本教の「空気」ということだと思いますね。

山本はまた、「空気」は規範体系をもたない。座標軸みたいなものがないので、感情や意識の流動性が高いとも述べています。例えば、天皇とか、地域コミュニティとか、何か強烈な求心力やバインド（紐帯）がないと、バーッと拡散してしまう。逆に強い求心力があったらあったで、過剰に凝縮してしまう。日本教の「空気」とは、そういう性質だそうです。

(3) 人類のスピリチュアリティ

人類のスピリチュアリティはいつ生まれたか

大拙や山本らの議論に出てきた「流動性の高さ」や「拡散する」といった視点はおもしろいですね。ここから発展して人類のスピリチュアリティについて考えてみましょう。これは日本に特定される話ではありません。

認知考古学という領域があります。考古学のなかでも昔の人たちの「心」について研究する分野で、これで宗教の起源を考える人がいます。

今から六十年ほど前、ネアンデルタール人の骨の化石が複数見つかりました。約四万七千年前の人骨です。見つかったのは、イラク北部のシャニダールという洞窟のなかです。そして、この骨の化石とともに植物の化石も見つかりました。その洞窟から遠く離れたところに生えているはずの植物の化石も見つかったようです。洞窟のなかなので、鳥が運んでくるということも考えにくい。そんなわけで、ネアンデルタール人が遺体を埋葬して、お花を供えたのではないかなどと言われています。

同じくネアンデルタール人によるスペインのエル・カスティージョ洞窟壁画が、世界最古のアートではないかとする研究結果が、二〇一二年に発表されました。[*4] 調査を行ったイギリスの考古学者チームによると、この洞窟に描かれた壁画は約四万年前のものではないかということです。ネアンデルタールの生息した時期は、われわれ現生人類と少し重なってはいるのですが、直接の祖先ではありません。かなり発達した人類だったようです。

ついでに言いますと、現生人類の埋葬で最古のものは、オーストラリアのムンゴ湖の湖畔にあります（一九七四年に発見）。約四万二千年前のものです。そして、現生人類最古のアートはフランスのショーヴェ洞窟にあります（一九九四年発見）。三万二〇〇〇年ぐらい前のもの。

これら古代人の埋葬の遺跡を調べると、ベンガラなどの色素が見つかります。遺体に色をつけたり副葬品に使われたりしたのでしょう。あきらかに呪術だと思われます。何らかの死への意味づけや、宗教儀礼が営まれていた。その痕跡は日本の縄文・弥生期の遺跡などにも見られます。

認知的流動性

認知考古学者のスティーヴン・ミズンによる『心の先史時代』[*5]という本があります。内田先生も少しふれておられましたね。この本のなかでミズンは、人類に起こった心の大転換について論じています。

「人類は『この場面ではこう反応する』という特化した心の動きから、次第に一般化した心へと切り替わっていった。それが今に通じる人類の心だ」とミズンは語っています。そして、「これによって心の流動的な領域が確定した。これが十万年前から三万年前にかけてだ。これは人類が選択した驚くべき大転換であった」とのことです。

つまりわれわれ人類以外の生物は、自然と完全にシンクロしているわけですよね。自然の動きからはみ出すことがない。摂食や生殖や群れの形態など、すべては本能と呼ばれるプログラム通りに行動します。ところが人間だけが、自然とシンクロする以外の領域、自然を逸脱する領域を持っています。心理学者の岸田秀氏は、人間を「本能の壊れた動物」

と表現しました。ある意味、本能のリミッターが外れて、自然から「自由」になったともいえるでしょう。リミッターが外れた人間は、過剰な摂食行動や、生殖目的以外の性行為などを盛んに行うこととなります。さらにその過剰なエネルギーは、芸術や宗教や科学を生み出すのです。これをミズンは、「認知的流動性」と呼んでいます。

人類も最初は他の動物と同じように、この場面ではこう行動するとか、この刺激にはこう反応するという〝一対一〟の対応関係だったはずです。「猛獣がやってきた→逃げる」とか、「発情ホルモンが分泌する時期になった→生殖活動を行う」とか、そんな感じ。とこころがあるとき、あらゆる場面に汎用できる心の働きが生じる。これは自然とはまた別の、自然からはみ出したような領域です。これを「認知的流動性」というふうに呼ぶわけです。

例えばアナロジー（類比）もこの認知的流動性によって成立するようです。まったく別のものを、頭のなかでくっつけることができるんですね。「花のように美しい女性」のように、「花」と「女性」という異質な存在をパラレルに把握できる。そしてそれらを関連づけることができる。アナロジーは現生人類しかできないみたいですね。ネアンデルタール人もできなかったようです。

さまざまな現象から「同様のパターン」を抽出して、多様に対応する。そんな汎用性、流動性のある認知能力。それを人類は、今から十万年前から三万年前ぐらいにかけて選択したというのです。

それはまさに大転換でした。そこに至るまでの六百万年間くらいは、生存に特化した知能や技術や言語を発達させていた。しかし、十万年くらい前から大きな転回が始まった。この認知的流動性が、理知性へと流れ込めば科学が展開する。感性へと流れ込めば、芸術やアートや音楽を生み出す。また、死の問題とか、苦悩とか、個とか、そんな領域へと流動すれば、宗教が生まれる。こういった構図です。科学もアートも宗教も、この流動性を持った認知能力が生み出してきた。そんな心の動きを人類は選択してきたのです。

ユーモアもこの流動的認知性から生まれたそうですよ。ちなみに、これはまた別の研究なのですが、女の人は年間で、男の人の十倍ぐらい笑うそうです。思いあたるふしはあります（笑）。それにしてもどうやって回数を測ったのかな……。生命力の根源である認知的流動性は、笑いで活性化するのかもしれません。

さて、この認知的流動性のような働きを、霊性と関連づけて考えることはできるのでしょうか。もし、知性の源泉であり、芸術性の源泉であり、ユーモアの源泉であり、そして宗教性の源泉がこの認知的流動性であるとするならば、これを霊性と呼ぶことも可能かもしれませんよ。そうなると、霊性は、まさに人間を人間ならしむ基盤であるということになります。そして人間であれば誰もが内蔵しているものとなる。そんなふうに霊性を措定《そてい》することもできそうです。

ただ、鈴木大拙が語る霊性は、そういうものではありませんね。徹底した自覚から生まれる道としての霊性です。それが大拙の特徴です。その道の様式にそれぞれの風土とか、民族の特性などがある。

このように、さまざまな霊性の仮説モデルを使って、人間の宗教心や宗教的営みを解読しようとする試みもなかなか楽しいものです。こういう作業は、自分自身の宗教性や感性を再点検することになりますからね。人間の持つ根源的な宗教性をどのようにとらえるのか、みなさん自身と照らし合わせて取り組んでみてください。

(4) 現代スピリチュアリティをめぐって

若年層の「スピリチュアルワーク」と壮老年期の「死生観」

二〇〇五年に「現代霊性論」というお題を内田先生から頂いたとき、私は「現代人の〝スピリチュアルな諸問題〟は、自己肯定のツールとして使われているのではないか」という問題意識から、現代における霊性をやや批判的な立場で論じました。

つまり、「宗教的なもの」を求めながら、「宗教」を避ける現代人は、スピリチュアリティや霊性といった用語を好んで使う傾向があるとか、神秘的なものへの憧憬《どうけい》と、非日常への希求などが混在しているとか、「自分というもの」を温存するための道具として、スピリチュアルなものを活用しているのではないかなどといった話をしました。

もし現代人の霊性的な営みの正体がそのようなものであるならば、大拙とは真逆の方向です。ある体系を地道に歩んでいくのではなくて、自分の今抱えている苦悩にちょうどいいものを情報の道具箱から選んで使う。そんなふうに宗教とつきあう傾向は、確かにあります。宗教の「道具箱化」であり、「消費財化」です。さらに、現代人の霊性的営みの特徴として、「無地域」的であることも指摘しました。その地域や風土に育まれた宗教性ではない。七年前（二〇〇五年）はそうやって、現代社会のスピリチュアルブームを少し冷やかに観察していました。

でも、最近、少し意見が変わってきました。どう変わったかと言いますと、ひとつには「今の若年層のスピリチュアリティへの取り組みは、そんな単純に馬鹿にできないのではないか」と感じるようになったところがあります。欧米のニューエイジ・ムーブメントの影響を受けた世代はすでに終わり、その次世代では、けっこう宗教性の本質へと迫りつつあるんじゃないか。

このところ、若い人たちが町のあちこちでスピリチュアルなワークをやっています。ニューエイジの次世代の特徴は、伝統的な宗教に対する反発があまりないところですね。前世代では、反伝統宗教の気風がありました。今の世代は、お遍路や阿字観《あじかん》(空海以来、真言密教独特の瞑想法。近年は誰もが参加可能なワークとして提示されるようになってきた)などにも魅力を感じるようです。それまでの世代よりも「伝統的な知恵に学ぶ」という態度に特徴があるように思います。

身体性を重んじた宗教的なものへの取り組みを、「スピリチュアルワーク」とでも呼ぶのであれば、若年層のスピリチュアルワークには注目しています。

もうひとつ、壮年期や老年期の「死生観」の問題もあります。この問題についても、現代の霊性的営みという観点から解読していかねばならないのではないか。そう考えるようになりました。

死生観という言葉は、そんなに古いものではありません。近代になってからのものです。近代的自我なしには、「死生観」は生まれなかったでしょうね。いわば、死生観は近代的自我の要請によって成り立ったともいえます。

初めて死生観という言葉を使ったのは、加藤咄堂《とつどう》という人です。一九〇四(明治三七)年に出した『死生観』という本が、最初の使用例だったようです。そして今や死生観確立の必要性はどんどん高まっています。社会制度の複雑化にともなって終末期医療や死者儀礼などにおいて、自己決定を求められる事態が増加しているからです。

若年層のスピリチュアルワークと壮年・老年層の死生観を通して、もう一度現代霊性論に取り組もうと考えるようになりました。

個人主義化する宗教性と「スピリチュアリティ」

ところで、現代人の宗教はすごく個人主義的になっていると指摘されています。例えば仏教に興味があるけども、どこかの宗教・宗派の信者になりたいわけではない、といった人は少なくありません。親鸞は好きだけども、浄土真宗の門徒になりたいわけではない、そんな人もけっこういます。つまり、特定宗教集団のなかに身を投じることはしない。しかし、自分のなかの宗教的欲求は満たしたい。自分の宗教性を表出したい。そんな思いを抱えている人たちです。こういうスタンスを「個人主義的宗教」とも呼びます。前にお話ししたように、そういう人たちは、「宗教」という言葉よりも「スピリチュアリティ」という用語を好んで使う傾向にありました。この傾向は一九八〇年代後半くらいから顕著になります。

ところが、二〇〇〇年代に入ってスピリチュアリティという言葉自体に手垢が付き出しまして、もはや使い勝手が悪くなった。ですから、この講義においても、現代人の霊性をめぐる問題を考察する際、どんな用語を使えばうまくみなさんに伝わるのか、ここからして難しい問題です。今日お話ししながら、そんなことを実感しました。どんな言葉を使えば今の人の心に届くか、そこから考えるべきなのかもしれません。

比較的近年の「霊性」の定義を読んでみましょうか。宗教学者の伊藤雅之さんによるものです。

おもに個々人の体験に焦点をおき、当事者が何らかの手の届かない不可知、不可視の存在（たとえば、大自然、宇宙、内なる神／特別な自己意識、特別な人間など）と神秘的なつながりを得て、非日常的な体験をしたり、自己が高められるという感覚をもったりすることを指す。*6

これは、宗教という言葉を避けて、スピリチュアルという言葉を好んで使う人たちを観察して作った霊性の定義ですね。『日本的霊性』で見た鈴木大拙の定義とはずいぶん異なっていることがおわかりいただけたでしょうか。このように「霊性」のモデルも、定義する人や時代によって相違します。みなさんは、これまでの講義のなかで、何か自分の進むべき道の扉を開けるために有効なモデルに出会うことができたでしょうか。いかがでしょう。

この連続講義をきっかけにして、ぜひとも宗教性や霊性というものを自分自身にぐっと引き寄せていただければと思います。そのためにも次回は、少し具体的な宗教的人格の事例を取り上げてみましょう。

最後に、じゃあ釈はどこに立っているのだ、内田先生はどうなんだ、というところを少しお話ししておきます。内田先生は、ユダヤ教研究、合気道、能楽など、さまざまなものを通じて、そこに通底する宗教的なものを内田先生ならではの言葉で表現されています。さまざまな現象から、見事に霊性を抽出されている。内田先生は、特定の宗教体系に偏ることはありません。「ありもの使い」「使えればなんだっていいじゃん」（笑）的なところに内田先生の立ち位置があるのではないでしょうか。

一方、私のほうは、やはり浄土真宗の教義体系に沿って歩いてきました。私の宗教性のベースには、身近にいた念仏者の存在があります。内田先生と私では、通って来た通路は違うわけです。

さて、違う通路を通って来た者が、同じところに行き着くのか、それとも若干の相違点を抱えたまま進んでいくのか。そのあたりを「宗教的人格とは何か」という視点から考えてみようと思います。

注

＊1　本書では一九七二年初版の岩波文庫版をテキストとして参照した。

＊2　西村惠信編『西田幾多郎宛　鈴木大拙書簡――億劫相別れて須臾も離れず』岩波書店、二〇〇四年

＊3　山本七平、小室直樹『日本教の社会学』講談社、一九八一年、一二四―一二六頁

＊4　Pike, A. W. G., et al. "U-Series Dating of Paleolithic Art in 11 Caves in Spain" *Science* 15 June 2012: Vol. 336 no. 6087 pp. 1409–1413

＊5　スティーヴン・ミズン『心の先史時代』松浦俊輔・牧野美佐緒訳、青土社、一九九八年、一一一―一一三頁

＊6　伊藤雅之『現代社会とスピリチュアリティ――現代人の宗教意識の社会学的探究』溪水社、二〇〇三年、ii頁

内田樹からの応答

鎌倉仏教と戦国キリシタン

内田　たいへんに刺激的なお話をいただきました。質問したいことがたくさんあるんですけれども、特に興味を持った二点についてだけうかがいます。

大拙は鎌倉仏教が起こったときに、日本的霊性が覚醒したといいました。主に大地とのふれあいに注目した。奈良時代でも、平安時代でも、それまで宗教を担ってきた人たちは貴族、僧侶という、非生産者の都市住民であったわけです。それが鎌倉時代に入ってきて、農民あるいは土に近いところにいる武士たちが新しい宗教運動を担うようになった。大地とのふれあいを持つ人たち、野生のエネルギーに直接ふれる経験を持った人たちが宗教活動の前面に登場してきた。それによって、日本的霊性が覚醒した。これ、中沢新一さんが聞いたら泣いて喜びそうな話ですよね（笑）。

釈　ぜひ泣いていただきたいポイントです（笑）。

内田　鎌倉仏教の後も、釈先生は、時代の大きな転換期に特定の宗教の活躍、「日本的霊性」が強く発動するとおっしゃっていますけれど、これは生産構造の変化とはどういうふうにリンクしているのでしょうか。

釈　生産構造ですか。なるほど、農業改革や産業改革や情報改革みたいな変化でしょうか。確かにそこは重要ですね。今日は社会システムの変動に注目してお話しいたしましたが、生産構造と宗教とのリンクとなれば、また別の論点が浮上しますね。

例えば荘園制だったのが、地域共同体の成熟へと変わる、あるいはそれまでになかった商人の階層がふくれあがるとか。

内田　キリスト教に帰依《きえ》した戦国大名がそうですね。彼らは日本史上ほとんど初めて登場した「交易する人々」なわけです。この新しいタイプの人間たちが、その時代の表舞台に華々しく登場してきたとき、キリスト教に惹きつけられたのはなぜだったのか。歴史の教科書では、「南蛮貿易による商業的利益を得るため」という経済合理性で戦国大名たちのキリスト教改宗を説明していますけれど、僕はそれだけではないと思うんです。あれだけの数の武士たちが同時多発的にキリスト教に帰依したのには、やはり戦国時代末期に登場したある種の新しい人間類型の思考や感覚と、キリスト教の教理がどこかで同期するところがあったのではないか。

釈　そうだと思います。キリスト教が持ち込んだ信仰や倫理観や思考パターンが強烈な魅力を持っていたのでしょう。なかでもとりわけ大きな衝撃をもって迎えられたのが、キリスト教の人間中心的生命観です。それまでは仏教がもたらした「人もその他の生物も、みんな同じ生命」「すべての生命は連続している」が主流でした。ところが、「他の生物の魂と、人間の魂は違う」「神の似姿として特別につくられた人間。人間しか救われないんだ」といった生命観はとてもインパクトがあったようです。すごく腑に落ちたみたいで、それに魅了されて入信した戦国大名などもいました。

戦国時代では、それまでの秩序がことごとく解体されていきます。そこに新しくて力強い指針がやってきたのですから、さぞや魅力的だったことでしょう。

内田　戦国大名や商人たちは、今でいう「グローバルな人たち」なんですよね。だから、列島の大地から滋養を汲み出す日本的霊性という枠組みにはとどまれなかったのではないか。東シナ海、南シナ海、インドシナやフィリピンにどんどん進出してゆきましたね。高山右近《うこん》はマニラで客死してそこで埋葬された。シャム（今のタイ）で高位に上った山田長政もそうですね。そういう人物はそれまでの日本にはいなかった。一族郎党を率いて集団で動くのではなく、個人として自立して、自己決定する人物というのは、それまでいなかった。

ですから、織田信長、豊臣秀吉による日本の統一を日本史では歴史の必然みたいに教えますけれど、あれはもしかしたら「いけないこと」をしたんじゃないかという気もするんです。日本列島は統一しないほうがよかったんじゃないかってね。統一しないで、みんなてんで勝手に生きて、外に出たい人たちは日本列島を離れればよかった。アジアを股にかけてグローバルな活動ができるだけの能力がある人物が存在することはすでに証明されていたわけですから。

例えば、織田信長はそういう種類の向日性の強いエートスを色濃く体現していますけれど、天下統一後にいきなり抑圧的になりますね。多様性を許さない。自分自身の生命力が発動する過程では、個人主義とは相性がいいんだけれど、日本列島全体が活性化することに対しては警戒心を持つようになる。自分が活気づくことは歓迎するけれど、日本人全体が活気づくことは望んでいない。その後の豊臣秀吉もそうですね。キリスト教に対して最初は両義的なスタンスですけれど、最終的にはバテレン禁止令を出す。それは宗教的な理由ばかりではなかったと思います。各地の大名たちが単に経済的に豊かになるだけではなく、それぞれが海外とのネットワークを構築するようになって、日本各地でハイブリッド文化が開花を遂げたら、日本列島を中央集権的に統治できなくなる。直感的にそういう未来が予見できて、キリシタン禁圧に踏み切ったんじゃないかなと思います。

釈　その危機感はあったようです。当時、キリシタンを棄教した不干斎《ふかんさい》ハビアンという宗教者が著作のなかで、「キリスト教の怖いところは、我々の固有の文化を破壊する力があるところだ」と語っています。この時期は、それまで未成熟だった地域コミュニティが発達し始めます。同時に、(前近代的な)「個」の意識が発達し始める。そこへキリシタンがシンクロしたのかもしれません。

内田　天下統一って、言い換えれば、地域コミュニティを全部壊すということですからね。ローカルな境界線のなかでそれぞれの「ニッチ」に分かれて暮らしていた人たちの差異をなくさないと天下統一はできない。「群雄割拠《ぐんゆうかっきょ》」というのは、それぞれの地域には固有の統治形態があり、文化があり、宗教があり、生活習慣があり、芸能があり……ということですから。これを一度全部壊して、日本中をある意味で標準化・規格化しようとした。今ふうにいえば「日本をフラット化した」わけですよね。こういう信長・秀吉のプランそのものが実はキリスト教的であって、伝統的な日本的霊性からは出てこない種類の政略なんじゃないですか。

釈　そうかもしれないですね。

内田　だから、鎌倉仏教は「アーシー」(earthy) だけども、安土桃山文化ってまったくアーシーじゃないですよね。都会的で、技巧的で、構築的なものですよね。むしろヨーロッパの感覚に近い。

釈　やはりこの時代は社会システムのみならず、根っこのところの心性が大きく変化した面があるのでしょう。例えば、キリシタンが持ち込んだ「この世界をクリエイトした神がいる」というもの。これはヨーロッパと日本とを直結する回路でもあったと思われます。

内田　あとやはり、農耕民族か遊牧民かということは、種族の霊性のあり方を大きく決定づけますね。キリスト教もユダヤ教もイスラームも遊牧民の宗教ですから、信者たちは羊の群れであり、指導者は「牧者」、「群れを牧する人」ですよね。これは遊牧民固有のメタファーでしょう。

日本の場合は、生産様式の原型は農耕です。稲作のスタイルが完成して、一の努力が千となって収穫期に返ってくる。だから農民はそこに大きな「被贈与感」を感知する。自己努力に対して相応の報酬が返ってくるというのではなくて、努力よりもはるかに豊かな贈与が与えられる。この「個人努力と報酬は相関しない」という農耕民の実感が、もしかすると「他力」の思想と通じるのかもしれない。

信長や秀吉はキリスト教と出会うことによって、「牧者」である自分が「羊の群れを率いてゆく」という自己イメージを形成したのではないでしょうか。そういうセルフイメージがないと、なかなか比叡山を焼き討ちしたり、石山本願寺を潰したりというようなことはできませんよ。あれほどの宗教弾圧は日本史上でも例外的な事件ですよね。

釈　はい、そうだと思います。少なくとも、今そこにある宗教形態を潰すためには別の宗教が必要である、といえます。宗教を潰すために、また別の宗教がいる、これはだいたい世界中どこでも共通した法則です。何か新しい信仰がないと、従来の信仰を解体することはできない。新しい枠組みや価値観があるからこそ、宗教施設の焼き討ちや弾圧も可能となります。

武道的境地としての「主客未分」

内田　あとひとつは、鎌倉仏教のお話で出てくる「主客未分」という境地についてうかがいたいと思います。これこそ日本的霊性の一番根本のところだと思うんですけども、武道の方から見ると、これは武士の戦場における殺傷技術を洗練化していく過程で出てきた考え方なんです。沢庵禅師の『太阿記《たいあき》』の冒頭の言葉というのは、われわれ武道家はそらんじるほど知っています。「蓋《けだ》し兵法者は勝負を争わず、強弱に拘わらず、一歩を出ず、一歩を退かず、敵我を見ず、我敵を見ず、天地未分陰陽不到の処に徹して、直ちに功を得べし」。「天地未分」、「陰陽不到」というのは、「主客未分」というのと用語的には非常に近いですね。

釈 大拙のなかには、あきらかに今先生がおっしゃったような武道のイメージが含まれています。

内田 ありますよね。これは武道を長く稽古してきた人間としていえることですけど、「主客未分」というのは技術的な工夫の結果出てくる解なんです。抽象的思弁ではなくて、きわめて身体的な実感のある言葉なんですよ。

釈 そうなんですか。

内田 ある歴史の段階で武道が論理的な装飾品として禅家の言葉を採用したというふうに思っている人が多いと思うんですけども、そうじゃない。「主客未分」というのはありありとした身体実感なんですよね。それが感じられないと、戦技であっても武術であっても、ある程度以上の技術には達することができない。強弱、勝敗にこだわっていると、勝てない、強くなれないということがあるんです(笑)。強くなろうと思うと強くなれない、勝とうと思うと勝てないという逆説に直面して、その不条理を乗り越えていく道を探すことで、日本武道は近世において一種の到達点に達する。

武道でも禅宗でも能楽でも、領域の違う人たちが同じような言葉遣いをするのは、そういう言葉遣いが当時流行っていたということではなくて、自分がずっとやってきたことの身体実感を言い表す言語表現としてそれがぴったりだったからだと思うんです。農耕の人たちは農耕の実感として、武道家は自分たちがやってきた戦技の実感として、そういう言葉に出会って、響き合った。「啐啄《そったく》の機」とか「石火の機」とかいうのもそうだと思います。

釈　それは「日本的なもの」といってよいのでしょうか？

内田　「日本的なもの」といってよいと思います。欧米から武道を習いにくる人に訊くとそうですね。彼らからすると、強弱勝敗巧拙を論じない武道というのは想定外のものなんです。自分たちがなじんできた身体運用の方法と、発想法がまったく違うわけですから。中枢的に身体をコントロールする、身体部位を局所的に「鍛える」、ライバルを倒す……というのがスポーツの発想ですけれども、それとまったく違うものが武道にはある。合気道をやっている外国人で、「武道と同じものがうちの国にもありますよ」と言った人って、僕が知る限り、ひとりもいませんからね。

釈　そうなんですね。勝敗というのをちょっと横に置いて、それよりも主客未分の技術の方に目を向ける。いや、むしろそちらに目指すところがある、そんなことになるのですか？

内田　そうです。

釈　その話を聞いて思い出しましたけど、「負けるが勝ち」というのは、英語で訳せないそうですよ（笑）。ご存じの方がいたら教えていただきたいんですけど、僕、けっこう大学で外国人の英語の先生たち何人かに訊いてるんですよ。でも、未だにぴったりした英語表現に出会っていません。ネイティブの先生たちは、「昨日負けて、今日勝った」とか、「負けても学ぶことはある」とか、そういう英語を教えてくれるのですが。いやいや、そういう話じゃない（笑）。負けがそのまま勝ちなんだ、と説明するのですが、なかなか通じない。どうもそういう英語はないみたいなのです。

内田　「負けるが勝ち」って、英語にはないですね。おもしろいなあ。

釈　こういうのは感覚的に身体的にわかるしかありません。論理に落とし込むと、別なものになってしまうのでしょうね。

第二章　宗教的人格と霊性

(1) 人はいかにして霊性に目覚めるか

「あるがままのある」

前回は、大拙の考えた「日本的霊性」とは何かをヒントに、霊性とその起源、現状などを見ました。今回は、人間が霊性に目覚めるとき、あるいは宗教的な人格というものに注目していこうと思います。前回に引き続き、もう少し鈴木大拙の『日本的霊性』を読みながら考察を進めます。

まずは『日本的霊性』のなかで大拙が展開している「霊性的直覚」論から。仏教思想を参照しながら見ていきます。では、一緒に読んでいきましょう。この人独特のリズムを追っていってください。

〈「あるがままのある」が否定道をたどって、またもとのところに還る様態に日本的なるものがある。これを日本的霊性の超出と言う。それは何かと言うに、絶対者の絶対愛を見付けたことである。この絶対愛は、その対象に向ってなんらの相対的条件を付さないで、それをそのままにそのあるがままの姿で、取入れるというところに、日本的霊性の直覚があるのである〉（二二五—二二六頁）

このくだりに続けて、大拙はこんなことを書いています。善を肯定し、悪を否定する、そんなのはもうごくふつうの倫理である。そうじゃなくて、とりあえずもう善も悪もいったん否定し尽くして、その上で善悪を考える。あるいはもう善も悪も一緒に受容されてしまうとか。そういうような境地に至らないと、霊性とは言わないのではないか。例えば、「けがれを祓《はら》う」などと言っているような状態では、まだまだ霊性というのは成熟していない。だいたい「祓う」から「けがれ」が出てくるんだ、ということですね。「祓う」も「けがれ」もないというところにいったん立つ。それがこの「あるがままのある」なのです。

これはやはり、とても東アジア的な理路だと思います。もともとの仏教思想とは相違します。インドの初期仏教はもっと分析的な態度なのです。それに比べると、すごく直観的。そして自他未分を志向しています。

大乗仏教の「空」

大乗仏教の「空《くう》」などもこの言説に近いと思うかもしれませんが、ちょっと違います。こちらはきわめて概念的です。「空」についても少しだけ学んでみましょう。

次に挙げているのは大乗仏教を完成させた南インドのナーガールジュナ（龍樹）が書いた『中論《ちゅうろん》』の冒頭です。八つの否定（不）についての偈《げ》（教えを詩句にしたもの）なので、「八不《はっぷ》の偈」と呼ばれています。

不生亦不滅　　不生にしてまた不滅
不常亦不断　　不常にしてまた不断
不一亦不異　　不一にしてまた不異
不来亦不出　　不来にしてまた不出

ナーガールジュナは第二の釈迦といってもいい人物です。私はこの「八不の偈」に何度もつまづいたイヤな思い出があります。理解しようとすると、袋小路に入ってしまうんですね。実は今でも「八不の偈」を読むだけで、胸悪くなっちゃって（笑）。ほんとうなんですよ。でも、やらねばなりません。

「空」というのは、「縁起」を突きつめて成り立った理念です。

「縁起」とは「依存関係による生起」のことです。あらゆる存在や現象は、何かの要因によって生じる。その思想が極限まで昇華すると、「すべては相互依存関係によって成り立っているのであるから、実体はなく、独立して生じることもない、滅することもない」となります。それが空です。

「縁起」の立場に立つことは、仏教最大の特徴のひとつです。仏教は「縁起で世界を説明し尽くそう」としたわけではなく、「縁起という立場に立つことによって苦悩を解体する」ことを目指した。私はそうとらえています。

その「縁起」から展開した「空」。原語（梵語）は「シューニャ」です。「ゼロ」の語源も「シューニャ」なんですよ。五千年ほど前にヒンドゥー文化圏の人たちが「ゼロ」という概念を生み出しました。それまでにも空位を表すゼロ的なものはあったようなのですが、ヒンドゥー文化圏の人たちは、ゼロを数式にまで取り込みました。

ゼロの概念がインドで発達した背景は、古代インドの語法にあったのではないかとも言われています。というのは古代のヒンドゥー文化圏にはおもしろい表現用法があるのです。ここに羊羹《ようかん》があるとします。これを食べちゃうとなくなってしまう。その状態を私たちはふつう、「ここには羊羹がない」と表現します。ところが、古代ヒンドゥーの語法では、「ここには羊羹の空（シューニャ）がある」というらしいのです。

この「空」の概念を、冒頭に挙げた『中論』をもって大成させたのがナーガールジュナです。ナーガールジュナがとなえた仏道を「中道」といい、その思想を受け継ぐ系統を「中観派」といいます。この系統は大乗仏教の大きな柱を形成します。

そして、この中観派のなかから「帰謬法《きびゅうほう》」（プラサンガ）という論法を使うグループが出てきます。帰謬派は、自ら立論しないのが特徴です。

仏教では、仏典を学び伝えるために「因明《いんみょう》」と呼ばれる論理学が発達します。これは別に自分たちの主張を通すために発達させたわけではないんですね。むしろ、相手を導くために創りだした論理学です。

だからまずは相手の論理に耳を傾け、その上で「なるほど。それじゃあ、ここが通じないですよね」とか、「それじゃあ、この部分の論理にキズが出てきてしまいますよね」などと導いていく。それが帰謬法の論法です。「もし不滅の魂があると仮定すれば、ここが具合悪いでしょ」「ここのところで行き詰まってしまうじゃないですか」なんて調子です。

そして、最終的に「空」へと導く。とてもユニークな論法です。

「世俗諦」と「勝義諦」

せっかくなのでもう少し中観派の思想を見てみましょう。ナーガールジュナは、世界のありさまを「世俗諦《せぞくたい》」と「勝義諦《しょうぎたい》」という言葉で説明します。「諦」というのは真理のことです。

こういうと、世界を二元論的に分けているように思うかもしれませんが、そうではありません。同じ世界を二つのとらえ方で見るということです。世俗諦というのは、虚構であり、いわば仮の姿です。われわれが実感できる常識的な存在や現象のあり様であり、一時的な姿、「仮《け》」です。そして、その真実のありさまが勝義諦。これが「空」なんですね。いわば「仮のありさま」と「真実の姿」、そんなふうに考えてください。

前述のように何ひとつ積極的に主張せず、定まった主義主張があるわけでもない。それがプラサンガの立脚点です。自ら立論することなく、相手の論理の瑕疵《かし》を暴いていって、相手がまったく意図しない方向へと推論を進めていく。考えてみたら、ずいぶん性格の悪いやり方といいますか、イヤなやり方ですね。無敵の手法です（笑）。

でも、これ、すごくおもしろいと思いませんか。この世界を「仮」だと自覚して、真実の姿は「空」であると悟る。ところが、意外や意外、虚無主義、悪しきニヒリズムにはおちいらない。世俗諦と勝義諦の両方を手放さないいんですよ。空であることを体得した上で、対話を続ける姿勢。現実主義と虚無主義の間のすごく狭い通り道を歩き続ける。これが中道です。

ひとつ、おもしろいエピソードを紹介しましょう。この講義の前半は相愛大学の南港学舎で開かれました。内田先生に大学の周辺をご案内しながら、「南港って、行政がデザインして作った町ですので、宗教施設を建てられないんですよ」という話になったんですね。そして、私が「行政は公設だから宗教を排除しようとするけれど、宗教施設がないと何かもうひとつ街としての魅力が出ないと思う」なんて話すと、内田先生は「だったら、まったく何もないところに線を引いて、そこには何も作らないという場を作ればいいよ。そこを聖地にするんです」とおっしゃったんですよ。

まさに目からウロコ！　私はそれを聞いたとき、「おおっ、プラサンガ！」と、なぜか実感したんですよね。それって、まさに世俗諦と勝義諦とが同時成立しているじゃないですか。「空」だけど宗教性が発揮される。

さて、話を戻しましょう。『日本的霊性』で展開されている認識論と初期仏教のそれを比較した場合、大拙が語るような「あるがまま」というのと、「本質は空である」という話とは、やはりちょっと違います。どちらも無執着へと帰着するところは似ているかもしれませんが、「あるがまま」の方は、東アジアの宗教性によく見られる「無為自然」的な立ち位置ですね。

「霊性の個」

大拙の文章を引き続き読んでいきます。

〈生は円環である、中心のない、或いはどこでもが中心である円環である。この生の無限大円環性は霊性でないと直覚できないのである〉（二三三頁）

ここでは円環的な生命観が述べられています。円環だからこそ、どこでもが中心だし、中心はない。つまり「自分が中心」となれば、円環構造にはならないということです。「自分の都合」という個がなくなって円環性が生じる。大拙は「個というものが、一回どこかで否定されなければ、霊性は浮かび上がってこない」ととらえていたのです。

個がいったん否定され、霊性が浮かび上がってきて、そこで出て来る次の個、「超個」とでもいうべきものが立ち上がってくる。大拙は〈超個の人《にん》〉といいます。そこにこそほんとうのかけがえのなさとか、代替不能性がある。それこそが「霊性の個」だと主張しています。

「霊性の個」は、前回も話題に出ました親鸞の「弥陀の五劫思惟の願をよくよく案ずれば、ひとえに親鸞一人《いちにん》がためなりけり」という言葉で端的に表現されています。デンマークの神学者・哲学者キェルケゴールの言葉では「単独者」であり、大拙は「われ一人的」と表現しています。

第二部第一章でも述べたように親鸞は「仏道って何のためにあるんだ、仏って何のためにいるのか。俺一人のためじゃないか」と、常々語っていたようです。自分がボキッと折れて、そこから立ち上がってくる「単独者」。それが霊性の個です。

知性は霊性を妨げるか

さて、いよいよ大拙の本領発揮部分を読もうと思います。

〈鎌倉時代における日本的霊性の覚醒は、知識人から始まらないで、無智愚鈍なるものの魂からであったということに注意したいのである。（中略）霊性の覚醒はひとたびは知性的否定を経過しなければならぬのである〉（一八〇頁）

このくだりは『日本的霊性』も後半にさしかかるころ出てきます。知性は霊性の妨げである、そんなふうに大拙は考えていました。西洋哲学でしばしば論点となる「知と信」の問題ですね。知性と信仰との関係は宗教哲学でもひとつのテーマとなっています。そこでは、「知は信を妨げる」であるとか、「信は知の上位に位置する」とか、逆に「信よりも知に立つべき」だとか、いくつかの立場があります。大拙もこのことはよく理解していました。でも、ここで大拙が語ろうとしているのは、そういった対立項としての「知と信」ではありません。大拙が指しているのは「分別知」のことなんです。ものごとを二項対立で把握して、損と得、敵と味方、役に立つ・役に立たない、そんな尺度でしか測れない分別の知。これを一度解体しないことには霊性は浮上しない、そう述べているのです。

仏教では、分別知が解体された上で浮上してくる知を「無分別知」と呼びます。賢しらな理知が折れないと出てこないのが霊性。「自分というもの」をぬくぬくと温存したままで霊性というのは出てこない。それが大拙の霊性論です。

愚に還り、浮上する霊性

大拙は「日本的霊性的自覚」についてひとしきり語った後、『一枚起請文《いちまいきしょうもん》』という、法然が臨終の際に語った文章を取り上げ、絶賛しております。確かに名文です。その名の通り、紙一枚に書けてしまう短い文章なんですけど、法然思想の神髄すべてが入っているといって過言ではありません。

法然はほとんど自著がない人です。弟子たちが書き残した問答集などはかなりの数があるのですが。唯一の主著といってよい『選択本願念仏集《せんじゃくほんがんねんぶつしゅう》』も、口述したものです。しかし『一枚起請文』は弟子の源智による要請で、自ら書いたとされています。法然は、ペタッと両方の手形を紙に押しています。その手はすごく小さい印象を受けます。臨終の床で押したため、力がなくて小さくなってしまったのかもしれません。

『一枚起請文』の一部を読みましょう。

念仏を信ぜん人は、たとい一代の法をよくよく学《がく》すとも、一文不知の愚鈍の身になして、尼入道《あまにゅうどう》の無智のともがらに同じうして、智者《ちしゃ》のふるまいをせずしてただ一向に念仏すべし。[*1]

なんと「愚者になって往生しろ」と言うんです。これはすごいです。驚きの仏道です。だってもともと仏教は智慧《ちえ》の宗教ですからね。愚昧《ぐまい》を打ち破ってこそ仏道です。

仏教は、自分の都合（知恵）を排除した「智慧」を目指す宗教です。もともとヒンドゥー系の宗教は、知を尽くすことが信の道であるといった性格が強い。仏教も哲学傾向が強いのはそのためです。だから先ほどの「知と信」の対立も、仏教ではあまり問題とならないのです。ところが法然は「愚か者になって仏になれ」と言い放ちます。これを浄土宗では「還愚《げんぐ》」などとも申します。親鸞も「私は師・法然聖人から、愚者になって往生しろ、と間違いなく聞きました」と書き残しています。

ここで大拙はその具体例として、禅勝房《ぜんしょうぼう》の話を出しております。禅勝房というのは、もともと天台宗の僧侶です。熱心に修行と学問に努めた人ですが、法然と出会って、それまでのものをすべて捨てます。そして故郷の遠州（いまの静岡県西部）に帰ってしまって、そこで大工さんみたいな仕事をしながら暮らしたのです。

一方、法然の弟子に隆寛《りゅうかん》という念仏者がおりました。法然は指導者としてもすぐれていたので、数多くの優秀な門弟を育てています。そんななか、隆寛は親鸞がとても尊敬した兄弟子です。隆寛が自分の弟子たちを連れて遠州に行ったときに、そういえばあの禅勝房さんはどうしているんだろう、遠州に帰ったと聞いたけどちょっと訪ねてみようと思いたちます。それで禅勝房が暮らしていると聞く村へ行ってみるんですね。

「このあたりに偉いお坊さんが暮らしているはずなんですけど」「そんなのおらんけどな」「禅勝房っていうんですけど」「いや、知らんな」と、行方がわからない。そのうち、「ん？そういうたら、乞食みたいな暮らしをしている大工が禅勝っていうた気がするな」、なんてことになって、行ってみたらやはり禅勝房だった。隆寛以下、みんなが涙流して、手を取って「会いとうございました」と喜ぶ。それを見て、今まで禅勝を馬鹿にしてた村人がびっくりしたというような話です。

それで、隆寛の弟子たちが「どうぞひと言、お教えを」と教導を請います。すると禅勝は、「うーん、そうだなぁ。まあ、みなさん、それぞれ好きに念仏して往生しなさい」なんて言って、去っていった。これに大拙はすごく注目しているんですね。

すべてのものが捨象されて、浮上してくるあるがままの姿。大拙はそれを禅勝房の生き方に見て取るのです。そして、これこそが日本的なものであると感じたのでしょう。個が折れることを通じて浮上する霊性。それが他力の仏道なんですね。

(2) 「妙好人」に見る宗教的人格

日本的霊性のモデル「妙好人」

ここまで『日本的霊性』を読んでくると、はっきりわかることがあります。それは、大拙が語る日本的霊性は「親鸞を見るよりも、妙好人を見たほうがはっきりする」ということです。実際に、同書の終盤にかなりの紙幅を割いて「妙好人」について詳細に記しています。

大拙の霊性論で親鸞を把握しようとするのは、うまくいかない気がします。なぜなら親鸞はこんこんと湧き上がってくる「自分の都合」に苦悩し続けた人だからです。その緊張感こそ親鸞の特徴です。なかなか「あるがまま」とはいかない人物なのです。

でも、妙好人で日本的霊性を語るなら、私もなるほどと納得します。実際、大拙は妙好人を日本的霊性の具体的な存在、日本的霊性の精華としてとらえていました。

妙好人というのは、念仏者を讃える呼称です。『観無量寿経《かんむりょうじゅきょう》』という仏典に、「念仏者は人中の分陀利華《ふんだりけ》なり」とあります。「分陀利華」は、「プンダリーカ」の音写で、白い蓮華のことです。この『観無量寿経』をふまえて、唐代の僧・善導が念仏者を「好人《こうにん》、妙好人、上上人《じょうじょうにん》、希有人《けうにん》、最勝人《さいしょうにん》」と五種の表現で讃嘆しました。そのなかでも本物の念仏者のことを「妙好人」と呼ぶのです。ですから本来、妙好人は浄土真宗だけの専売特許ではないのですが、江戸時代に真宗僧侶が『妙好人伝』を編纂したりして、真宗教団が盛んに使う呼称として定着しました。現在では、信心に篤《あつ》い市井《しせい》の浄土真宗門徒を指して妙好人と呼ぶ慣習となっております。

ここで付言しておきますが、近代の研究では「妙好人批判」もあります。というのも、妙好人は封建制度や本山−末寺制度下で、領主や本山にとって都合のいい体制順応型の人物ばかりが取り上げられている。教団はそういう人たちを篤信者のひとつのモデルとして利用した、という指摘があるからです。確かに、どんな苦労も不条理も甘んじて受ける人物像を喧伝した面もあります。ここは真宗教団のなかでも評価の分かれるところです。

妙好人に注目したのは、鈴木大拙だけではありません。民藝《みんげい》運動で有名な柳宗悦《むねよし》なども妙好人を高く評価しております。柳は因幡《いなば》（いまの鳥取県東部）の源左《げんざ》という人を取り上げて詳しく論じています。

しかし、なんといっても大拙の影響は大きいものがあります。大拙は何人もの妙好人を取り上げていますが、特に力が入っているのが石見《いわみ》（いまの島根県西部）の浅原才市《さいいち》という人物です。江戸末期から昭和初期までを生き抜いた念仏者です。

浅原才市は、子どもの頃より船大工の丁稚奉公《でっちぼうこう》をしていました。四十代半ばぐらいからは、その仕事もできなくなって、下駄作りの職人として人生をまっとうしています。下駄を削ってできる木っ端に、ちょこちょこっと墨で仏法の味わいや信心の歌を書きつけたものが遺されています。このメモ書きみたいなものがすばらしいんですよ。

大部分の妙好人は、文字も書けない田舎のおじさんやおばさんです。学問もしていない、貧しくてその日をおくるのが精いっぱいだった、そんな人が多い。仏教をきちんと勉強したわけでもない。ただお寺や法座でお説教を聴聞したりしていただけです。

しかし、そんな市井の人が、高名な禅師でも及ばぬ境地を語る。そこが妙好人のすごさです。才市にしても、まともに字が書けないので、当て字や、誤字、脱字だらけなので、読むのはたいへんです。

「さいちよい、へ、たりきをきかせんかいへ。
たりき、じりきはありません。
たゞいただくばかり。*2」
「こんな子が、でんなちうのに（出るなと云ふのに）、またでた、
出どこがないので、口から出た、
なみあみだぶつと、くちからでた。*3」
「りん十《じゅう》（臨終）まつことなし、いまがりん十、なみあみだぶつ。*4」

こんな具合で、稚拙な言葉の羅列なんですけども、読む者の魂を揺さぶるところがあります。『日本的霊性』のなかで大拙は、浅原才市は南無阿弥陀仏そのものである、唐代の禅僧・趙州《じょうしゅう》に匹敵すると絶賛しています。

また、『宗教経験の事実』*5という著作では、讃岐（いまの香川県）の庄松《しょうま》を取り上げています。庄松もよく知られた妙好人です。庄松は禅僧のような感性をもった念仏者で、江戸から明治を生きぬいています。小作農の生まれで、縄をなったり、草履《ぞうり》を編んだりしなが

ら生涯をおくりました。庄松は結婚もしていません。この人の言行録『庄松ありのままの記』[*6]というのがあります。なかなか興味深いエピソードが満載です。

例えば、ある人が庄松を試そうとして「一念帰命《いちねんきみょう》（他力の信心）とは何だ」と議論をふっかけると、庄松は何も答えず黙ったまま仏壇の前で寝転んでみせた、なんて話が載っています。こういうとらえどころのなさが庄松の魅力です。

また、庄松が京都の本山にお参りした際、本山の門主がすぐ横を通りました。そしたら庄松は何を思ったのか、門主の袖をぐいっと引っ張って、「覚悟はいいのか」と尋ねたそうです。周りの人が慌てて庄松を押えつけます。控室に戻った門主は、「さっきのあの男を呼んでくれ」と言い出し、庄松は控室へと連れて行かれます。門主が「どうして、あんなこと言ったんだ」と訊いたところ、「あんたが赤い衣なんかを着て偉そうに歩いてるから、こいつほんとうにお浄土へと往生する覚悟ができているのか、と思ったんだ」と庄松は言うんですよね。これに門主はとても感心して、それからずっと兄弟づきあいをしたといわれています。

現代に生きる妙好人

鈴木大拙は、しばしば門下生に「妙好人が生まれていることで、浄土真宗が偽物の仏道ではないことがわかる」と語っていたそうです。妙好人はけっして過去の伝説ではなく、現在でもそう呼んでおかしくない人が全国にいます。

つい先日、大分県の門徒さんの集まりに行ったのですが、そこで一冊の本を手渡されました。中畑小市さんという炭焼きのおじいちゃんのメモ書きを、ご縁のある人々がまとめた本でした。書名は、『法の宝の口づさみ　豊前の小市同行の法悦集』[*7]。中畑小市さんは幼い頃より働き続けなければならない暮らしだったそうで、学校もきちんと行っていない。一九六二（昭和三七）年に九十三歳で往生されるまで、つたない字で自らの内面をノートに書き綴っていたのですね。遺された書きつけの内容には、「とき（時）がきたやら　こうり（氷）がとけて　ほおのうみ（法の海）には　ながれこむ」[*8]や、「あくしょう（悪性）さらにやめがたし　こころはじゃかつ（蛇蝎）のごとくにて　わがこころ　おそろしや　おそろしや」[*9]など、とても深い法味が表出されていました。中畑さんは妙好人と呼ばれるのにふさわしい人だったようです。

また、私にとって忘れられない妙好人がおられます。私が子供の頃に往生されたのですが、近所に住んでおられた中岡リトというおばあちゃんです。

中岡リトさんは如来寺の門徒さんだった人で、若いときから懸命に法座へ通ってお聴聞（仏法を聴くこと）を続けた人でした。暮らしが貧しくて、縄をなったりしながら子育てをしたそうです。家計以外にもいろいろと悩みを抱えていて、お寺でお話でも聞いたら少しは楽になるかもしれないと思い、法座へと足を運ぶようになったと聞いています。

でも、仏法を聴けば聴くほど、逆に苦しくなる。自分のありようが問われるからです。お聴聞を重ねても、楽になるどころか苦しくなるんですね。だから、何度も仏法を捨てようとしたそうです。念仏も二度と称《とな》えないでおこうと決めたりしたらしいですよ。家のお仏壇に釘を打ちつけて、開かないようにしたとも聞きました。捨てたはずの念仏ですが、長い間の習慣で、つい口をついて出てしまう。何かの拍子にナンマンダブッって出ちゃうんですね。そのうち自分の口から出る念仏が憎くなって、その「ナンマンダブッ」をつかんで捨てたそうです（笑）。それを見た人は、何やってんだあの人、となるでしょうね。一人で怒りながら、口の前あたりをつかんで捨てる動作をやってるんですから。これはリトさんのお孫さんに教えてもらったエピソードです。

そのお孫さんによりますと、彼が中学生のときにリトさんは、「私、文字書けんから、あんた書いてくれ」と遺書を書かされたんだそうです。それを読ませていただきましたが、「みなさま、お世話になりました。お念仏を称えてくだされば、いつも私はそこにいます」といった内容でした。

妙好人が仏の道を確かにしてくれた

実は、このリトさんのお念仏している姿が、私の宗教的な原風景なんです。物心ついたときにはもう、リトさんが念仏を称えている姿を見ていた気がします。

子供の頃、私の部屋は二階にあったんですけれども、朝起きて、部屋の窓を開けたら、いつも本堂の向拝《ごうはい》（正面階段に張り出したひさし）のところでリトさんがお念仏を称えていました。毎朝、毎朝、必ず。そして、あるとき、その姿に後光が射して見えたんですよ。いや、ホント（笑）。光り輝いて見えましたね。子供ながら、「あっ、あそこに仏さんがいてはるわ」って思いました。

私はお寺の子として生まれましたけど、小さいときから自分の宗教的感性がそんなにすぐれていないことを自覚していました。だって、周りにすごい宗教性を発揮している人、リトさんのような妙好人が大勢いたんですから。とてもああいうようにはなれない、そう感じていました。

その結果、「自分自身の宗教性は貧弱なので、あんなふうにはなれないけれど、宗教性豊かな人たちが集まる場のお世話ならできる。それをさせていただこう」と考えるようになりました。自分なりの立ち位置を見つけたわけです。また、この人たちが集まる場をつぶしてはいけないな、とも思いました。だから、子供の頃からお寺を継ぐことには何の抵抗もありませんでした。

あのですね、以前、欧米の仏教学者と話していると、「日本仏教は、少なくともブッダの仏教じゃないですよね。変質しすぎていますよ」って言われたんですよ。それで、私が「そうそう、ひどいですよね。いくらなんでも行き過ぎ」などと話すと、ずいぶん驚かれました。もう少し反論すると思っていたのでしょうね。でも、ほんとうに変形してるんですから（笑）。反論するどころか、「その通り」とか言ってしまって。

日本仏教はどう変質したのか、仏教の原形はどうだったのか、このあたりはかなり学術的に明確になっています。だから批判されるのもよくわかります。

でも、私、「少なくともこの道（他力の仏道）はニセモノではない」と心身の根っこのところでわかっているのです。それはホンモノの念仏者を見て育ったからです。だから、「この道を真摯《しんし》にたどっていけば、仏教が説いているところへきちんと至ることができる」という実感と確信は揺るがないのです。どんなに学術的に批判されても、そこはびくともしない。このあたりが宗教という領域のおもしろいところですね。中岡リトさんのような妙好人が身近にいてくれたおかげです。

「一周まわって、あるがまま」

さて、日本人の霊性に特性があるとすれば、どのようなものなのか。大拙の霊性論を通して、私なりにまとめてみましょう。それは、「一周まわって元の位置」といいますか、「一周まわって、あるがまま」といったものではないでしょうか。

ずっと道を歩み続けて、精進に精進を重ね、結局、「ああ素材のままでよかったんだ。そのままが一番すばらしい」的なところへと帰着する。そこに理想がある。

もちろん、まったく元のままではなく、らせん状に深まっていくのですが、正面から見たら同じポジションにしか見えない。奥行きが深まっていく。一見、何の変哲もなく、ごくふつうに暮らしているのだけれども、それは一周まわってきて、戻って来たポジションであると。そこに高い価値を置くところが、日本的霊性の特性ではないかと思います。

その他にも日本人の宗教性にはいくつかの特性が考えられます。「戒律は苦手だけど、儀礼は好き」とか、「大きく転換するタイプよりも、じっくり熟成タイプの人が多い」などといったものも挙げられるかもしれません。劇的なコンバージョン（転換・回心《かいしん》）よりも、長い間かかって次第に積み重なってぶ厚くなった宗教心。ふっと後ろを振り返れば、「ああ、こうだったな。こうでしかなかった」というような宗教性。こういうのがわれわれの好みなのでしょう。

日本的霊性の具体的モデルとして妙好人に着目したのは、大拙の慧眼《けいがん》です。やはり妙好人は日本的霊性の典型のひとつであるといえるでしょう。ごくふつうに日常生活を営むそのど真ん中に光る霊性。そうなるともう、その人の一挙手一投足が霊性に突き動かされている。そういうものが妙好人的な霊性です。

さて、宗教的人格という視点から霊性を考えるという試み、最終的には浄土真宗の妙好人に日本的霊性の特性を見る、といった話になりました。私自身の話も少々させていただくとなれば、やはり浄土真宗に特化してしまいますね。

考えてみれば、私が浄土真宗の道を歩んでいるのも、たまたま縁があったからです。単に真宗の寺に生まれたからなんですね。日蓮宗のお寺に生まれていたら日蓮宗の道を歩んでいたと思いますし、クリスチャンの家に生まれたらクリスチャンの道を歩んでいたと思います。明確な発心《ほっしん》や選択があったわけではありません。たまに「なぜあなたは浄土真宗の僧侶になったのですか?」と聞かれるのですが、「浄土真宗のお寺に生まれたから」と答えると、大抵がっかりされます。だから、正直に言うのはちょっと恥ずかしいのですが。

しかし、私は「まず身近なご縁をたぐる」というのが仏教者としての態度だと思います。また、霊性の面からいっても、悪くない手順でしょう。身近なご縁を誠心誠意たぐる。たぐって、歩んで、どうしても合わなければ、また別のご縁をたぐっていったらいいわけです。そして、「たまたまご縁でたぐることになったけど、振り返ったらこの道しかなかったな」と、偶然を必然へと転換する装置、それも霊性の一側面だと思います。

(3) 日本的霊性と現代スピリチュアリティの違い

「個」は死んでも存続するか

さて、ここまで、鈴木大拙の『日本的霊性』をベースに、日本の霊性の特徴や、宗教的人格について考察してきました。山本七平の「日本教」や、浄土真宗の「妙好人」なども見てきました。また、私自身が歩んできた仏道とも照らし合わせてみました。日本的な霊性の特徴についてのアウトラインが見えてきたところで、現代スピリチュアリティをめぐる論説と比べて、その違いに注目してみましょう。

『日本的霊性』と現代スピリチュアル論との違いとして、前者には来世や生まれ変わりや臨死体験や死者といったものが出てこない点を挙げることができます。逆にいうと、現代スピリチュアル論は、とにかく死者が気になってしょうがないのです。

近代で成立した欧米のスピリチュアリズムは、「死を経過しても個人は存続する」「死後の個人と交流は可能である」というふたつの特徴を持っていました。この傾向は現代スピリチュアリズムでも継承されています。もしかすると、すべてを説明し尽くさずにはおれない肥大化した知が、死後の世界や死者にまでそのエネルギーを傾注した結果かもしれません。あるいは、「神の存在よりも、死者のほうがリアル」といった事情があるかもしれません。いくつかの複合的な要因があるのでしょう。

仏教では、すべての存在は集合体であり、一時的な仮の状態であるとします。これを「無我」といいます。ずっと継続する「個人」(我)などないとする立場に立脚するのです。だから、来世も説きますが、それは決して個人が同じ状態で存続するとは考えません。なぜなら、「自分というもの」に執着すると苦悩が生じるからです。特に大拙が軸足をおいていた禅仏教では、あまり積極的に死後や来世を語りません。ですから、このあたりは現代スピリチュアル論と傾向が異なるところです。

思いつきですが、現代スピリチュアル領域の傾向を図にするとこんな感じでしょうか(図2-1)。

現代スピリチュアリティの特徴として、「ある程度、科学の装いをすること」「神や仏など超越的存在を措定することが少ない」「具体的メソッドがある」など挙げることができるでしょう。逆にいえば、それまでの宗教の特性である「集団への帰依を求める」「神仏

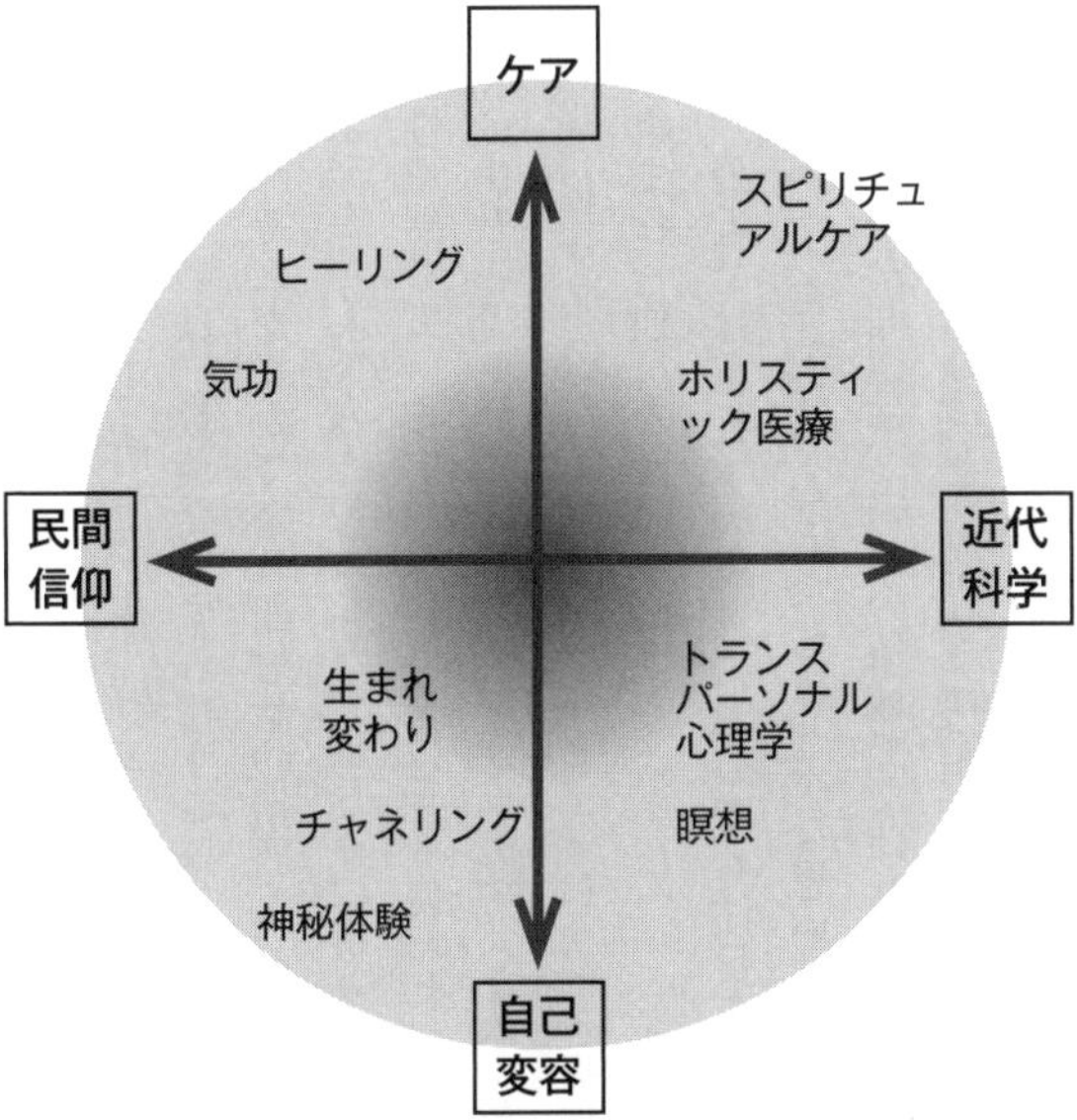

スピリチュアルケア：霊性や宗教的欲求や生と死の意味などに関わるケア
ホリスティック医療：身体だけでなく、心や霊性や環境など、全体論的に健康を考える医療
トランスパーソナル心理学：神や宇宙など、人間の領域を超えたものとの交感が人間の心理に与える影響を研究する学問
チャネリング：霊や神とコミュニケーションすること
ヒーリング：霊能力や超能力による癒しの療法
気功：中国の伝統的な民間療法

図2-1　現代のスピリチュアル領域

などへの帰依を求める」「自己の体系こそが最も優れているという立ち位置」「死後の報い」などを避けているわけです。

ところで、実は私、「スピリチュアル」という言葉に少し期待した時期もありました。宗教というのは、教義発達すればするほど、同じ体系内でしかわからない言葉が増えていきます。そんななかで宗教間対話の用語として使えるのではないかと考えたからです。実際、宗派を超えて人々の苦しみや哀しみに寄り添おうとする「スピリチュアルケア」には、可能性を感じています。その言葉は今も使われています。

スピリチュアルケアは、フィジカルケア（身体的苦痛に関するケア）、メンタルケア（精神的苦痛に関するケア）、ソーシャルケア（社会的苦痛に関するケア）に次ぐ第四のケアとして取り組まれ、独自の展開を遂げてきました。宗教的な問題や生と死の意味に関わるケアであり、最近では東日本大震災においても注目を集めました。例えば、「大勢の死者をどう弔うのか」「亡くなった人たちはどんな思いだったのか。そして、どこへ行ったのだろう」などといった問題は、宗教の領域でなければなかなか向き合うことができませんから。

でも、それ以外はもう消費されてしまった感があって使いにくくなりましたね。それに、「スピリチュアル」を積極的に使った人たちの印象もあまりよくなくて（笑）。「先祖供養をしてないからダメだ」などと、半ば脅かすような言い方で主張したりしていたでしょう。

「先祖を粗末にしている」などと言われたら、誰しもドキッとしますからね。その意味でも、伝統的な宗教儀礼を手放してきた現代人は、死者がとても気になるのですね。死者に負い目があるということでしょう。

宗教研究においても、ジェレミー・キャレットとリチャード・キングの『セリング・スピリチュアリティ』[*10]などは、現代スピリチュアリティを厳しく批判しています。和訳すれば「霊性を売る」といったところでしょうか。現代人の不安に対する解毒剤として、霊性が商品化されてしまっているというのです。日本では、島薗進先生がこの書をいち早く取り上げて紹介されています。

現代アメリカのスピリチュアリズム

最後に、もう少し現代のスピリチュアルな言説を取り上げます。これは、日本的な霊性を論じるといった方向とは別のベクトルです。ここにふれることで、第一部の内田先生の講義を再検討する準備へとつないでいきましょう。

これまで述べてきた日本的霊性とは、まったく違うアプローチで霊性に取り組んだのがトランスパーソナル心理学で名を馳せたケン・ウィルバーです。特に彼のスピリチュアリティに関する言説は、多くの現代人に影響を与えました。その後、インテグラルな思想（全人間的・全世界的に思考する）へと移行して、超心理学的なものからは少し遠ざかったようです。

この人は、一九六〇年代ぐらいにアメリカの市民宗教は崩れたと喝破《かつぱ》しました。ウィルバーはアメリカ人なんですが、彼がいう「市民宗教」というのはアメリカのキリスト教メインラインと呼ばれるものです。メソジストとか、ルーテルとか、バプテストとか、長老派とか、そのあたりのプロテスタント主義がアメリカの倫理や価値観を形成していた。それが崩れた。

ウィルバーは崩れた原因をいくつか挙げています。ひとつには、高学歴でリベラルな人たちが、メインラインの価値観や世界観を受け入れなくなったこと。ふたつめに、東洋の宗教の影響が強くなったこと。六〇年代あたりから、アメリカではヨガや瞑想などの影響が強くなりました。それが精神文化や心理療法などへと流入した。三つめには、合理的個人主義社会から阻害された人たちが、不合理なものとか、近代スピリチュアリズムとか、オカルトとか、そっちのほうに行ってしまった。ウィルバーはこの三つぐらいの要因に注目しています。

宗教性のメインラインが崩れた状況を受けて、彼は「スピリチュアル」（霊性）という用語を活用するようになります。彼のスピリチュアルの定義として、「個人の実存、死後の世界、祈り、大きな意志といった要素で編み上げられた、人間存在の根底」としています。彼の著作を読みますと、そこには「立ち向かうべきキリスト教の壁」が強く意識されていることがわかります。キリスト教への反発と言いますか、新しいペイガニズム（異端者精神）といった姿勢を感じます。

現代スピリチュアリティは「達人」を目指す

ウィルバーという人は、知性や意識、文化や社会の成熟度が垂直方向へとどんどん上昇していくイメージでものを考えるんです。その究極のレベルに霊性的なものを置いています。

例えばアブラハム・マズローの「自己実現理論」をご存知でしょうか。生理的な欲求から始まって、安全の欲求、所属の欲求、承認の欲求、ついには自己実現欲求へと至る。単純化していえば、衣食住への欲求から始まって、究極的には宗教的なものを求める、そんな話です。そして、ウィルバーのスピリチュアル論は、そんな構造になっています。だからウィルバーのお好みは、聖者やヨガ行者や覚者といった「達人の宗教性」なんですよ。

実は一九八〇年代以降の日本のポスト新宗教も同じなのです。多くの教団が、トレーニングや学びによって自分の霊格が上がっていく、そんな構造を持っています。

それ以前の新宗教は、「信仰すれば日常生活のレベルが上がる。病気が治る」といった現世利益的な教えの傾向が強かったのですが。近代成長期が終わり、近代成熟期ともなると、そんな即物的なアプローチでは若い人が足を向けないみたいですね。むしろ、「自己変容」や「霊格を上げる」などという教えに求心力がある。

そんな現状のなか、内田先生は霊性のどのようなところに興味があるのでしょうか。おそらく、プリミティブな霊性の機能というものに注目されておられるのではないかと推察いたします。そして、そこは私も同じなのです。その点において、「思想家・武道家」と「教団宗教者・宗教研究者」と、立ち位置やアプローチ法こそ違えど、私と内田先生は霊性の賦活を重視するところで一致しています。ここまで考えてきて、やっと「同じ方向を向いている」ことをあらためて確認することができたように思います。

私に仏教を教授してくれた先生は、どちらかというとウィルバーのように下から上へと階層を上がるような、「達人宗教」を目指すタイプでした。そこを徹底的に教え込まれたのですが、どうも私はプリミティブなものを切り捨てることに抵抗があるようです。土着的な霊性などにも惹かれる。垂直的じゃなくて、水平方向に進むことに魅力を感じます。そして、そこに公共性や共振性があるのではないかとも考えています。もちろん、仏教者として、求道の階梯《かいてい》やプロセスがいらないというわけではありませんので、そこも見据えてはいるのですが。

　このように、霊性とパーソナリティーの問題を、垂直ベクトルと水平ベクトルという視点から考察する場合、ウィルバーのような達人宗教の高みへと上るがごときスピリチュアリズムは、近代成長期の終盤における「自分探し」に熱中した、自我肥大気味の世代に支えられていたように思います。

　ところが、今の三十歳前後から下の世代になると、もっと自我が希薄な感じなのです。そうなると、また別の視点で考えなければならないのではないか。この境界線上に立ってキョロキョロするのも、今回みんなで霊性を議論する意義のひとつではないか。そう考えています。

注

＊1　大橋俊雄訳『法然全集第三巻――一枚起請文 消息 問答 他』所収、春秋社、二〇一〇年、三〇二頁
＊2　『鈴木大拙全集第十巻』所収「妙好人」、岩波書店、一九六九年、一五七頁
＊3　同書一六八頁
＊4　同書二八二―二八三頁

＊5　前出『鈴木大拙全集第十巻』所収

＊6　一八八九（明治二二）年、一九二三（大正一二）年、一九二八（昭和三）年と三度編纂《へんさん》されている。

＊7　中畑省城編、せいうん、二〇一一年

＊8　同書　四三六頁

＊9　同書　四八九頁

＊10　Carrette, Jeremy and King, Richard *Selling Spirituality: The Silent Takeover of Religion* Routledge, 2005

内田樹からの応答

「妙好武道家」の誕生

内田　最後のところの「達人宗教」というのが僕には来ましたね。韓氏意拳《かんしいけん》（中国の伝統武術）の光岡英稔《みつおかひでとし》先生と武道をめぐって対談したときに、[*1]一点だけなかなか話が嚙《か》み合わないところがあったんです。「武道家はそれなりに使えないとダメ」というのが光岡先生の譲れない線なんですけれど、僕はそうじゃない。自分は弱くても平気なんです。「弱くても平気というのは、やはり武道家としては言ってはいけないことじゃないか」と光岡先生は困っておっしゃるんですけれど、僕は「でも、ほんとに弱いし……」ということですれ違ってしまうんです。

　僕には光岡先生の経験されてきたリアルファイトの意味はもちろんわかるんです。話をうかがっているだけでわくわくどきどきしてくるし、そこで光岡先生が身につけた技術や知見も高く評価している。でも、僕自身は聴いているだけで、満足できるんです。「いやあ、いい話を聴かせていただいた」ということで。そこでうかがったことを自分の稽古に生かそうと思うし、事実生かしていると思うんです。でも、「じゃあ、お前もリアルファイトやれ」と言われたら、どうぞそればかりはご勘弁して頂きたい。

僕は武道の本質を、生きる力をどう「伸ばす」のかというところに見ているんです。他人との強弱巧拙の比較をすることは修業にとって副次的なことだと思っている。生得的に非常に低い身体能力しか与えられなかった人が、武道的メソッドに従って適切に修業した結果潜在的な資源を開花させて、かつてからは考えられないほどの豊かな身体能力を発揮できるようになったら、それはみごとな武道的成果として評価してよいと思うんです。

喩えていえば、百メートルを二十秒でしか走れなかった子供が、工夫をして百メートル十三秒になったら、すばらしい達成だと思う。もともと何もトレーニングしなくても百メートル十二秒で走れる人がその人を見て「オレの方が一秒速い。オレの勝ちだ」と言って侮《あなど》ったら、僕はそれには同意できない。僕が興味を持っているのは結果じゃないから。経時変化というか、資質がどれくらい開花したのか、可能性がどれくらい発現したのか、そこに僕は興味がある。比べる対象は他人ではなくて、昨日の自分なんです。

ですから、僕は自分よりもむしろ弟子の伸びの方に興味がある。門人たちがどんどん成長してゆくのを見ると、自分の教えているメソッドの適切性を証明してもらっているようで、うれしいし、達成感がある。自分が育てた弟子とオレとどっちがうまいか、どっちが強いかなんてことは考えたこともない。そんな比較には何の意味もない。

これは甲野善紀先生なんかともやはり微妙に嚙み合わないところですね。甲野先生は、「できねば無意味」と言うんですけれど、僕は「できなくても、いいじゃん」という考えですから(笑)。

釈　内田先生が甲野先生に魅力を感じているのは、人並み外れて強いからじゃないですよね、きっと。

内田　甲野先生のすばらしいところは、ご自身の有限な身体資源のなかから、あらゆる方法を駆使して、引き出せる限りの能力を引き出すところだと思うんです。その終わりなき自己超克と、ご自身の変化のプロセスをすべて言語化し、公開する、その姿勢がすばらしいと思う。甲野先生が日本一強いから尊敬しているわけじゃないんです(笑)。僕は、競争心がある人間に見えるらしいんですけど、全然競争心のない人間なんです。人との比較にはまったく興味がないんです。

釈　そうですよ。私、それは気づいていました。

内田　お気づきでしたか。競争心というものがないんです。だから、今日、釈先生のお話を聴いて、僕と釈先生の気が合うのは、先生が「達人の宗教でなく愚か者のための宗教」を、僕が「強い人のための武道ではなくて弱い人のための武道」を志向しているからだということがわかりました。釈先生は先ほど「プリミティブ」という言葉をお使いになったけど、「凡人ベース」という点が同じなんですね。上になる人というのはどうしても自分より下を求めますけれど、僕らにはそういうのはないですね。

釈　なるほど、それはぴったりのワーディングです。どうして出てこなかったんだろう。

内田　どうして合気道の道場を作って教えているかというと、単純に合気道を世界に普及したいからなんです。地球上の七十億人全員が合気道をやって、全員が達人になったらすばらしい世界が到来するだろうと思っているんです。七十億人全員が合気道の達人となって、自分の生きる知恵と力を最大限にまで高めた状態、それが僕の理想世界なわけです。

だって、その世界では誰ひとり対立的な気持ちを持たず、互いに敬意を持ち合い、互いの固有の能力の開花を支援し合うんです。みんなが合気道の達人になった世界を理想だと思っていると、自分は誰よりうまいとか強いとか、考えないですよ。

釈　先生はほんとうに合気道がぴったりの人ですよね。他の武道をやってたらそうはいかない。

内田　そうですか。日本的霊性の血が脈々と流れているらしいですから、これからは「妙好武道家」と呼んでください（笑）。

注

＊1　『荒天の武学』集英社新書、二〇一二年

第三章　霊性への道

前回は宗教的人格の考察を通して霊性をとらえようとしました。そして、「一周まわって、あるがまま」とか、「極端な転換よりも、長い間かかって熟成することに価値をおく」といったあたりに日本的霊性の特性があるのではないかとお話ししました。

一方、キリスト教文化圏では、「極端な転換（回心）」を高く評価する傾向があります。アメリカの心理学者であり哲学者でもあるウィリアム・ジェームズは『宗教的経験の諸相』（一九〇二）のなかで、宗教的な人格について、「二度生まれ型」と「一度生まれ型」があると述べています。「二度生まれ型」というのは、劇的な回心ですね。宗教体験によって、人格が大きく転換する事態です。一方、「一度生まれ型」というのは、そういう劇的なことはないけれども、いつの間にか宗教的人格が成熟しているというタイプです。

ジェームズの宗教的人格論を読むと、やはり「二度生まれ型」に高い価値を置いているように思えます。しかも、若いときに大きな転換を起こした人を高く評価している。

「一度生まれ型」と「二度生まれ型」、どちらも宗教的人格なのですが、その評価は文化圏や宗教的な背景によって変わるわけです。こうした「評価の傾向」が、現代的とか、日本的とか、「○○的」という枠組みの一面であることを付言しておきます。

さて、第二部をしめくくる本章では、第一部で内田樹先生が展開された論を振り返りながら、「いま、なぜ霊性を呼び覚まさなければならないのか」という論点について、あらためて考察を進めていきます。

(1) 日常のなかで霊性を研ぎ澄ます

センサーと身体性

内田先生による講義の初日は、次のような言葉に手掛かりがあります。

「聞こえないメッセージを聞き取ろうとする構え」が祈りの基本的な姿勢だと僕は思います。合掌して、センサーの感度を高めている。(第一部第一章二九頁)。

ここでは「祈りの構え」や「センサー」がテーマとなっています。これらは、大拙が言うような大地性とつながるお話なのか、あるいはあまり関係がないのか。ここまで考えてきて、みなさんはどう思われますか。

私は、やはりつながっていると感じています。特に、身体性をからめて考えればなおさらはっきりしてきます。そのことを少し念頭に置きながら、お話を進めていきます。

内田先生によれば、現代人はシグナルを感じる力が衰えている。それがひいては原発事故にまで波及しているということでした。原発のようにコントロールできないものまで創り出してしまうところこそ、人間の業《ごう》ですね。人類は自然の大きなサイクルからはみ出す部分を持っている。そうなると、自分で自分の首を絞めるようなものをクリエイトしてしまうのは、ある意味で必然のような気もします。

本来、拡大・増加が一定ラインをオーバーすると、その種は滅びてしまいます。特定の種が一気に増加すると、その種が必要とする食物がなくなったりして、結果的に生き残れないんですね。絶滅してしまったりする。だから生物というのは、ある一定の枠から極端にはみ出たりしないんです。生物には本能というリミッターが設定されているので、はみ出さない。

しかし、第一章でミズンの説を引いたように、人間の場合は本能を凌駕するほどの流動的な認知性を持つにいたった。生物として過剰な部分があるわけです。ここととどうつき合っていくのか。これは人類規模のイシューです。またこれは古代からの人間のテーマでもあったことでしょう。

そういえば、哲学者の梅原猛さんは、福島第一原発の事故は「天災であり、人災であり、文明災でもある」と発言していました。[*1] 梅原先生のいう「文明災」とは、われわれの文明が行き着いた先、ということでしょう。

リーディング能力

シグナルを感じるという点については、みなさんも心当たりがあることでしょう。内田先生は、「弱いから武道をする」と見事な逆説性を駆使して表現してくださいました。ある種の危機を察知する能力を高める、そして危機を回避する。つまり、リーディング能力ですね。

微細な情報を感知する能力、すなわちリーディングはいわゆる霊感や霊能力にもつながっています。占い師や霊能者と呼ばれる人は、リーディングの能力に長けているわけです。そしてそれを駆使してお仕事しています。優秀な占い師さんが占っているところを録画して再生してみると、ほとんど占ってもらっている本人が情報を提供してしまっていることがよくわかります。自分でいろいろしゃべっていることにも気づかず、「当たっている！」などと驚いてしまう。占い師さんはさらに、言葉以外の表情や服装、ふるまいなど些細なことからもその人固有の情報を読み取っているのです。これがリーディングです。このリーディングに関して、天才的に上手な人がいます。そうなるとまさに霊能力といった感がありますね。こういうのを「コールド・リーディング」といいます。

このコールド・リーディングの才能に恵まれた人というのはいるようです。ちょっとした動きからたくさんの情報を読み取る能力に長けている人。リーディングはトレーニングによってある程度は獲得可能な能力でもあります。

コールド・リーディングに対して、「ホット・リーディング」と呼ばれている手法もあります。事前リサーチのことです。あらかじめ情報を手に入れておくのです。

落語に「牛の丸薬」という演目があるのですが、これはみごとにコールド・リーディングとホット・リーディングの合わせ技でお金儲けする男の咄《はなし》なんです。機会があれば一度聞いてみてください。こんなお話です。

ある男が土を丸めて作ったニセ薬を売ろうと、初めて訪れる村へとやってきます。男はまず、その村の茶店に入って、そこのおばあさんにさも昔の顔なじみのように話しかけます。男はコールド・リーディングを駆使して、茶店のおばあさんから近所のお屋敷の情報を手に入れます。次第にお屋敷の旦那のことから、家族のことまで探る。これはもう事前リサーチです。つまりホット・リーディングですね。そして、そのお屋敷に乗り込んで金儲けするのです。よくできた咄でして、これも生きていくための術だなあ、などと感心してしまいます。

かつて事前リサーチがばれた有名霊能者や教祖などもけっこういるんですよ。テレビに出演する前に、スタッフをたくさん使って、番組に出る人を調査するんですね。例えば、子供の頃の同級生や担任の先生に電話したりする。保険の勧誘を装って自宅を訪問させるとか。そうしたら、その人の家の様子がわかりますよね。玄関の様子とか。それで収録のときには、「あなたの玄関には赤い花瓶がありますね」とか、「ミロの絵がかけてあるでしょ」などと告げる。やけに玄関に詳しい（笑）。

こういうリサーチ能力も含めて霊能力と言ってしまうのもひとつの手なのかもしれないですけども、われわれはできればそういうストーリーにすがらないで「シグナルを感じるセンサーの感度を上げていく」という文脈で考えているわけです。

シグナルを感じる力が衰えるとき、それは「供養する」とか、「祈る」とかいうマインドが欠如しているためなのではないか、そういうお話もありました。

人知を超えるものへの畏怖、それは人類がこの世界で生きるために必要な機能であり態度である。つまりそれは人間が本来持っているはずのものです。その精度を上げる、そういうことです。このことを伝えるために内田先生はスティーブ・ジョブズの演説を引用されています。自分がなぜそこに行きたいのか、なぜ知っているのかを言うことはできない。でも知っている。

なぜ心と直感に従わなければいけないのかというと、「あなたの心と直感は、あなたがほんとうは何になりたいかを知っているから」（They somehow already know what you truly want to become）。なぜか知らないけど、知っている。これは真に創造的な仕事をしてきた人ならではの、経験に裏打ちされた言葉だと思います。（第一部第一章五一頁）

二人の鈴木

次に挙げるのは、ジョブズが愛読していた鈴木俊隆《しゅんりゅう》の『禅マインド ビギナーズ・マインド』という本の序文に、マサチューセッツ工科大学哲学科教授のヒューストン・スミスが書いた文章です。

二人の鈴木。半世紀前、十三世紀にアリストテレスの哲学がラテン語に翻訳されたことや、十五世紀にプラトンが翻訳されたことに匹敵する、歴史的な重要性を持った文化の移植が行われた。鈴木大拙が、独力で禅を西欧にもたらしたのである。その五十年後、鈴木俊隆は、それと同じくらい、重要なことを成し遂げた。鈴木俊隆の説法は、まさに禅に関心を抱くアメリカ人が聞く必要のある、鈴木大拙の補遺のように聞こえる。

鈴木大拙の禅は劇的である。鈴木俊隆の禅は日常的である。大拙の場合、悟りが焦点となっていた。そして、大拙の書くものが、あれほど人をひきつけたのは、大部分、その非—日常的な状態に対して魅惑されたためであった。鈴木俊隆の場合、悟り、あるいは、ほとんどその同義語といっていい見性（けんしょう）という言葉はほとんど出てこない。[*2]

この文章の後にヒューストン・スミスは鈴木峻隆との交流エピソードを紹介しています。それは鈴木が死ぬ四カ月前のこと、スミスは鈴木に「あなたは、どうして悟りという言葉をほとんど使わないんですか」と尋ねたそうです。すると鈴木の奥さんが横から、「悟ってないからよ」と言ったらしい（笑）。それを聞いて、鈴木老師は慌てた振りをして、「シーッ、言っちゃダメじゃないか」と言って、三人で笑ったそうです。つまり、鈴木老師はそんなごく日常のなかに発揮される禅を説いていたというわけです。ヒューストン・スミスは、そこに鈴木大拙と鈴木俊隆との相違を見ています。

しかし、われわれはすでに大拙が説いていたのも日常を足場にしたものであったことを知っています。例の「宗教性をつきつめた果てに、ごく当たり前の日常へと回帰する」という話を『日本的霊性』から学んだばかりです。我々が読んだ『日本的霊性』の執筆時期には、大拙のなかで「日常へと還る」といったテーマが大きな比重を占めていたのかもしれません。アメリカで禅を紹介していた時期は、悟りについての考察が詳述されているので、アメリカの研究者はそちらのイメージが強いのかな。

少なくとも大拙が「日常へと還る霊性」を説いていたことは間違いありません。

フェアとシェアの精神

「資源が有限であることを自覚したとき、危機的状況のとき、ブリコラージュ、つまり〝ありもの使い〟の能力が発揮される」というお話もありました。内田先生がブリコルールの話をされると、いつも私は『ブッシュマン』の一場面を想起します。一九八二年に公開された映画ですので、ご覧になっていない方もおられるでしょう。私は大学生でした。

今は「ブッシュマン」が差別的な言葉であるということで『コイサンマン』という題名に変わっています。「コイサン語を話す人たち」という意味だそうです。

コイサン語を話す民族は、かつてはアフリカの南部にたくさんいたみたいなんですけども、現在では、カラハリ砂漠あたりにしかいないそうです。現存する唯一の狩猟採集民族だとか。この人たちは三十~四十人ぐらいで集落を作って暮らしているのですが、リーダーもいないし、政治家もいないし、警察官もいないようなんです。でも、秩序は保たれ、満ち足りて暮らしている。彼らにはそもそも所有という概念がないらしく、時計もカレンダーもなく暮らしているそうです。

映画は、セスナ機からポイッと捨てられたコーラの瓶をコイサンマンが拾うところから始まります。村にコーラ瓶を持って帰ると、笛のようにして吹いたり、皮なめしに使ったり、すごく便利なんですよね。それまで苦労していた木の根の粉砕なんかも簡単にできる。効率がいい。丸い口のところに樹脂を付けてスタンプ模様を作り始める、そんなアートも生まれる。みんながその空き瓶を便利な道具として共同で使うようになる。

しかしその結果、コーラ瓶は彼らがそれまで持ったことのない「所有欲の感情」を生み出します。ついには奪い合って、暴力沙汰まで引き起こす。

コイサンマンは、「なぜ神はこんな物をわれわれに与えたんだ」と苦しみます。それで、これは邪悪な物に違いないから捨てに行こう、とコーラ瓶を捨てに行く話なんです。

そこにあるものをみんなで工夫して使う、それはまさにブリコラージュの態度です。野生の思考です。コイサンマンたちはそれを十分に身にそなえていたはずなんです。ところが今回のコーラ瓶だけはうまくいかなかった。なぜか。それが「分かち合えないもの」だったからに違いありません。

野生の思考を発揮するためには、そのベースに「公正」に「分かち合う」という「フェアとシェア」がなければうまくいかないのではないか。そんなことを映画のシーンとともに連想しておりました。

(2) 人間的な領域と非人間的な領域

境界を感知する能力

二日目の講義は「人間的な領域と非人間的な領域」。これまたとても興味深いテーマでした。内田先生自身も、これはまだちゃんと整っていないんだ、と言っておられました。

例えば、意識／無意識というモデルを使うと、人間の心のいろいろな働きがうまく説明できます。同様に、人間的領域／非人間的領域のモデルを使うと、世界のあり方とか、人間の内外部も含めた霊性についてもうまく説明できるのではなかろうか、そんなふうに感じました。その部分を読んでみましょう。

人間が生きられる領域と、人間が生きられない領域があります。現実と夢想と言ってもよいかも知れません。（中略）いくつかの人間的制度がこれを切り分けている。それが「裁き」と「学び」と「癒し」と「祈り」のための制度です。この四つの柱が、人間たちが共同的に生きることを可能にします。（第一部第二章六三頁）

人間社会における四つの柱ですね。現状の社会があまりうまくいっていないのは、制度の不具合ではなくて、四つの柱の不具合ではないか。それは人間の質にかかわる問題ではないか。そう問題提起をされました。

この四つの柱の領域には、政治とマーケットを入れない。つまり、速い変化が求められるもの、変化が速い性格を持つものが入り込んではいけない。そうしないと、その社会自体がダメになるから。なぜなら、四つの領域は人類学的なセンチネル（歩哨）の機能を果たしているから。そういうお話でした。そして「七つの大罪」が紹介されました。

確かに、宗教とは人間と非人間との境界線へと歩みを進める行為でもあります。例えば仏教の説いている理想はずいぶん非人間的なんです。「喜びにも悲しみにも支配されるな」というのですから。近代ヒューマニズムとは相容れないような話です。仏教は非人間的領域まで歩もうと志向しているのではないかという気がします。

そうなりますと、われわれがこれまで考察を続けてきた「霊性」とは、境界線を感知する能力といえるのかもしれません。

行きつ戻りつ

四つの柱は、未分化な社会であればかなり明確にわかりやすいカタチで屹立《きつりつ》しています。ところが、社会が成熟度を増すにつれて、さまざまな機能や役割の細分化が起こる。そうすると柱がだんだんやせ細ってくる。本来、柱が支えていた部分をいろいろな部署が担当するようになって、柱が細くなっていきます。気がつけば主軸はマーケットに移行していた、などとなるのでしょうね。

かつては社会が細分化、複雑化することによって柱が細くなり、それがちょうどいいバランスを保っていた時期もあったに違いありません。ところが人間というのは、必ず行き過ぎてしまうのです。なにしろそもそも過剰なんですから。だからある時点で、さらにその柱を細くする方向へと進むのではなくて、今度はまったく逆の方向に、柱を太くする方向へと指針を転換しなければいけないのです。この態度は、社会を考える際だけではなく、さまざまな場面で必要だと思います。

私が代表を務めるNPOでは、認知症高齢者の共同生活の家（グループホーム）を運営しています。「むつみ庵」といいます。発足当初は、ご近所の人たちと一緒に運営していたので、まるで自分のおじいちゃんやおばあちゃんのお世話をしている感覚でした。制服もありませんし、畑仕事の帰りに寄ったりして、家族的な雰囲気で運営されていたのです。そして私はこの方向性がとてもよいと考えていました。確かによい時期もあったんです。

ところが、あるとき、あまりにもなれ合い的になってしまっていることに気がつきました。利用者とスタッフの距離が近すぎる。スタッフの個人的思い入れがありすぎて、それぞれの立ち位置もばらばら。やがてこの家のバランスが崩れ始めました。だから今度は、「家庭的な感覚ではなく、お仕事であると自覚して勤務してください」と舵を切らねばならなくなりました。いわば、それまで「よい」と考えていた方向とはまったく逆のベクトルが必要となったのです。スタッフに語りかける言葉も、それまでとは全然変わってしまって（笑）。

その取り組みの結果、今はなかなかよいバランスを保っています。しかし、これもいずれ行き過ぎるに違いありません。そうなると、今度は「家庭的な情緒」の方向へと、再び舵を切ることになるかもしれません。このように、つねに揺れながら運営していこうと考えています。できるだけ「望ましいゾーン」のなかに位置するためには、こうやって振り幅を工夫しながら、揺れながら行ったり来たりする。四つの柱を意識する場合も、このリクツに似ていると思われます。

(3) 自らを問う体系としての宗教

言語化できない確信

三日目には、「それが善きものか、悪しきものかは、事後的にしかわからない」といったお話がありました。宗教の領域はまさにその通りです。特定の宗教体系をどう評価するのかというのは、ある程度歴史が判断する面があります。また、初日からのお話にあった「説明できないけどわかる」といったたぐいのところに属する面もあります。言語化するのは難しいけど、直感的に見えるんだと思いますね。

私自身の経験から言いますと、まず共身体性を備えている人にはものすごい威圧感の無さがあります。ものすごく威圧感が無い、なんてひどい日本語ですが大目に見てください。実際そう感じるのです。ほんとうに宗教性が高い人ってそうなんですよ。

ほら、よく言うでしょ、「オーラがすごい」「圧倒的な存在感」「教祖のような雰囲気」なんて。そんなのね、まだまだダメだと思うんですよね（笑）。ホンモノの宗教性は、びっくりするほど威圧感がない。もう、隣に住んでいるふつうのおっちゃん、といったたたずまいなんですよ。そういう人がほんとうの宗教性の高い人だと思いますね。まあ、私の個人的な好みの問題もあるかもしれませんが。私は妙好人的な人が好きなものですから。

また、真に宗教性が高い人って、すべてを説明し尽くそうとしないんですよね。全能感がない。もともと宗教というのは、全部を語り尽くそうとするんですよ。それは宗教の特性のひとつです。世界の始源から終末まで、すべてを知っているとするのが宗教というものです。それなのに、不思議と宗教性の高い人というのはすべてを語りつくせるといった態度を持たない。

数字と空気の違いについても、内田先生のお話を聞いて多くの人が「ああ、そういえば」と実感できたのではないですか。例えば、瞑想しているときの脳波とドラッグを使っているときの脳波って、測定してもあまり差が出なかったりするらしいんですよ。でも瞑想によってある状態へと至っている人と、ドラッグで忘我状態になっている人とは区別できますよね。数値で測定したら似たようなものなのに、われわれはその相違がわかります。分析的に説明しようとするとかえってわからなくなるのかもしれません。

何もできないときに何をするか

本書の第一部では書かれていませんが、集中講義のなかでお話が脇道へと逸《そ》れた際に内田先生が「どう振る舞っていいかわからないときに、どう振る舞うのかが大事なんですよねえ」と語っておられました。居合わせたみなさんはこの言葉をどうお聞きになったでしょうか。私、その部分で個人的に大きく反応しました。これは禅の領域を通して考察すれば、まさに現代人の公案そのものであると思います。かつて哲学者の久松真一が百七十則の公案を全部突き詰めたら、「何もできないときに何をするか」に行き着くんだと語りました。内田先生が語っておられるところと通じます。

このテーマは、私にとっても大きな問題です。というのも、浄土真宗という仏道はいくつか独特の事情を抱えています。そのひとつに、何を実践するにも「それは自力じゃないのか」と問われる、といったものがあります。だから、社会問題に取り組もうとしても、社会福祉にたずさわろうとしても、「お前は自分の力で何かできると思っている。まずは他力の信心を得てから。すべてはそれからだ」などといった批判を受けたりするんですね。

ですから、私が自分自身のNPO活動などを真宗僧侶の研修会でお話しすると、なんだかシラーっとした空気になったりするときがあります。「真宗の僧侶のくせに、なんだか自力的なヤツやな」と思われるみたいです。ほんとうは、自力・他力の問題は浄土往生にかかわるところなので、なんでもかんでもごっちゃにすると話が混乱してしまうのですが。

でも、そのような浄土真宗の教えは、私にとってはありがたい面があります。というのも、実際に社会活動にかかわったり奉仕活動を実践していても、つねに耳のうしろあたりから「それ、自分は立派なことをやっている、などと思ったら大間違いだぞ」と言ってくるんですよ。

それは浄土真宗の体系を学び、その道を歩んでいるからこそ起こることです。教えの体系が、横からささやいてくるんですよ。何をしていても、「今やっていること、それは自分の都合がまじったニセモノなんだぞ」と語りかけてくれる。そう説いてくれるからこそ、社会と誠実にかかわることができる。でないと続けることはできない。これは私の実感です。

だから、浄土真宗が語る教えは、むしろ本来は積極的に社会とかかわれることができるはずのものなんです。まさに「何もできない自分が見えてきたとき、何をするのか」ということなんですよ。自分の力でやっているなどと思ったとき、必ず私たちは偏るわけですから。

身近な例を挙げましょう。東日本大震災のとき、瓦礫《がれき》の撤去のお手伝いに何度か行きました。私はもう五十を過ぎておりますので、大阪に帰ってきたらクタクタになってしまって……。阪神淡路大震災のときも瓦礫を片づけに行ったのですが、今回は規模が大きすぎて、神戸のときと比べて達成感がないんですよ。阪神淡路大震災のときは、丸一日作業すればある程度片づいた感がありました。しかし、東日本大震災では、夕暮れまで作業しても周囲を見渡すと広大な瓦礫の荒野。精神的にもけっこうきついものがありました。

それで疲れて大阪へ帰って来ると、コンビニの前で私よりもずっと若くて、立派な体格をした若者たちが座り込んでジュースとか飲んでるんですよ。そうしたら、「キミらそんな暇あったら手伝ってくれよ」などという感情がわいてくるんです（笑）。それで、「あっ、いかん」と反省したりして。

そんな感情が出てくるのは「自分は正しいことをやってる」と思っているからですよね。実際には、コンビニの前に座っている人たちだって、どんな事情や苦悩を抱えているのかわからないじゃないですか。しかし、私は「自分が正しいことをやっている」とどこかで思っているから、そんな感情で怒りを生起させたりしている。

「自分が正しい」という立場に立った瞬間に、見えなくなるものってあるんですよ。そしてどんどんと偏っていく。それは苦悩を生み出す。だから、つねに横から「それ、自分の都合でやってるんやろ」と語ってくる体系は、私にとってとてもありがたいものなのです。

苦難を歩む足

「傷つくことができる能力」というお話もすばらしかったですね。レヴィナスが語る可傷性について言及していただきました。

立ち上がると人間は必ず不安定になる。その代わり、どの方向へでも次の一歩を踏み出せる。

自由であり、かつ不安定であるということは、言い換えれば外部から到来するシグナルに対する感受性が高くなるということです。不安定であれば「溺れるものは藁をもつかむ」わけですから、わずかなシグナルに反応する。(第一部第三章一四六頁)

三日間のお話がここで見事につながりました。その場にいた人はちょっとしたカタルシスを味わったと思います。直立歩行のメリットは不安定である、というお話でしたね。

かつて落語家の桂枝雀が「人間はなんで二本足で立てるか。あれは呼吸しているから立てるんです」と落語のマクラで話していました。「実は人間はつねに倒れそうになっているんですね。しかし、前に倒れそうになったときに、人間は息を吐くことで後ろへ戻る。今度は後ろに倒れそうになるけど、息を吸うのでその力で前へと戻る。だから、細かに揺れながら立っているんです。その証拠に、ずっと息止めていたら、やがてバタッと倒れますよ」(笑)。このネタを思い出しながら拝聴していました。

「うまく歩けない人たち」といえば、やはり古代中国の伝説の王、禹《う》ですね。ご存じの人もおられるでしょう、「禹歩《うほ》」とか、「反閇《へんばい》」といった呪術のステップのルーツだといわれている人です。この人はいったん理想の王朝を作るのですが、国中を走り回って足を傷めたためにうまく歩けなかったといわれています。呪術のステップである禹歩や反閇は足に障害を持った人の歩き方が起源ではないかという説があります。そのステップのポイントを星座に結びつけたり意味づけをしたりすることで呪術が成立する。艱難辛苦《かんなんしんく》の末、うまく歩けなくなったのが禹なのです。

これと似たようなストーリーがいくつかあります。ヤマトタケルの物語もそのひとつです。ヤマトタケルは国中を歩き回って、足が何重にも曲がってしまった。だからそこは三重という地名になったとの記述があります。足が「たぎたぎしく」(でこぼこしている様子)

なってしまったと『古事記』に書いてあります。たぎたぎしくなったので、そこを「当芸《たぎ》野《の》」と呼ぶようになった。

足がたぎたぎしくなって歩けない。そのとき詠んだのが有名な「倭《やまと》は　国のまほろば　たたなづく　青垣　山隠《こも》れる　倭しうるわし」という歌でした。「まほろば」というのは、ほんとうに美しい場所というような意味です。そして、ずっと連なっている青垣。倭は盆地ですので青垣のように山が連なっている。そんな歌を詠んで、白鳥となって飛んでいったというのです。

内田先生がスフィンクスのクイズでお話しされたように、歩き方が変わっていく神話類型があります。それは苦難の証しなのです。苦難の人生を這いずりながら歩き続けて、ついにはうまく歩けなくなった。それがひとつの類型としてあります。つまり人生というのは、「苦しいのがスタンダード」であると語りかけているのです。人生とは本質的に苦しいものであり、苦しいのが当たり前なのです。その苦難の人生を歩き抜こうとする象徴こそ、歩き方が変形していくことなのではないでしょうか。

親鸞は九十歳の人生を生き抜きました。末期には寝込んでしまって、末娘や実弟が臨終のお世話をするのですが、足をさすってあげようとすると若い頃についたワラジの跡が足に残っていたというのです。流罪を含めて、旅に明け暮れた時期がありましたから、齢九十になっても跡が残っていたのですね。これも苦難の人生の痕跡です。
他にも、世界各地に歩行がダメになるという説話が残っております。傷ついて、倒れて、その挙句、ついにわれわれは大きな生命へと還って行くのですね。

二河白道で「声」を聞く

さて、「私宛のメッセージ」というお話もありました。このとき、「二河白道《にがびゃくどう》」のお話が出ましたね。次に二河白道の文章を一部挙げています。「二河白道の譬え」は以前にも話題に出てきた善導の創作です。善導の宗教体験から生まれたものであろうと思われます。

たとへば、人ありて西に向かひて行かんとするに百千《ひゃくせん》の里《り》を行かんと欲するがごとし。忽然《こつねん》として中路《ちゅうろ》に二つの河あるを見る。一にはこれ火の河、南にあり。二にはこれ水の河、北にあり。（中略）この人すでに空曠《くうこう》のはるかなる処に至るに、さらに人物《にんもつ》なし。多く群賊《ぐんぞく》・悪獣《あくじゅう》ありて、この人の単独なるを見て、競ひ来りて殺さんと欲す。（中略）「われいま回《かえ》らばまた死せん、住《とど》まらばまた死せん。去かばまた死せん。一種として死を勉《まぬか》れずは、われむしろこの道を尋ねて前《さき》に向かひて去かん。すでにこの道あり。かならず度《わた》るべし」と。

この念をなす時、東の岸にたちまち人の勧むる声を聞く。「なんぢただ決定《けつじょう》してこの道を尋ねて行け。かならず死の難なからん。もし住まらば、すなはち死せん」と。また西の岸の上に人ありて喚《よ》ばひていはく、「なんぢ一心正念《いっしんしょうねん》にしてただちに来れ、われよくなんぢを護《まも》らん。すべて水火の難に堕せんことを畏《おそ》れざれ」と。*3

冒頭、「西に行こうと決心したら、忽然として河が現れた」とあります。そしてそのとき、自分は荒野にたった一人立っていたことが見えてくるというんですよ。前方に広がっているのは水の河と火の河です。水と火が交差している真ん中に、細い白い道がある。そんな喩え話です。善導はひとつひとつ丁寧に「これは何の比喩なのか」を自ら解説しています。火は怒りの象徴、水は限りない欲望の象徴、そんな調子です。とにかく、前にも進めない、下がることもできない、じっとしてもいられない、といった設定になっています。主人公は「どうせ死ぬなら、思い切ってこの道を歩もう」と決断します。

うまく歩けるはずもないこの道を思い切って歩こうと決心して、死ぬ気で一歩踏み出すとき向こうから「来い」の声が聞こえてくる。そして後ろからは「行け」の声が聞こえてくる。「来い」と呼んだのが阿弥陀仏で、「行け」と教えたのが釈迦。それが二河白道の物語です。

私が注目したいのは、冒頭の「忽然として」という表現です。道を歩もうと決めたときに突如として自分をとりまく世界の実相が見えてくるということですよ。そして、自分はたった一人だとわかる。道を歩もうとしたら、火の河や水の河、その他さまざまなものに襲われようとしているのがわかるのです。その状況を自覚して、もうダメだと自覚して、我が身をなげうって一歩踏み出したとき、仏の呼び声が聞こえるのです。

ところで、阿弥陀仏には仏教の救済原理が表現されています。阿弥陀仏は救いを求めて道を歩む衆生なしには成り立ちません。ここのところ、三日目の講義で内田先生が語った「神は全能なのだが、神を信じる人間が出て来るまで、この世に存在することはできない」というお話と通じます。この立場がＯＫならば、大乗仏教が説く仏とキリスト教の神とは、かなり近親性が高くなりそうです。

私は、「唯一神教におけるクリエイターたる神は、たとえこの世界がなくても人類がいなくても存在するのではないか。だからこそ絶対なる神なのではないか」と考えていました。おそらく神学者の多くは、人間など関係なく神は存在するという立場に立つと思います。ただ、キリスト教神学もさまざまな立場があるので、内田先生のようなとらえ方も聞いたことがあります。個人的にとても考えさせられた部分でした。

（4）みんなの霊性論

霊性は「境界線上」にある

さて、ざっとまとめます。どうも人類が歩んできた道のりを振り返ってみますと、「人間の過剰な部分とどう付き合うか」をテーマにしてきた気がいたします。

それにしても、なぜ過剰になったのでしょうか。人類学的にはいくつか理由が推測できます。そのひとつに、「過酷な状況に置かれた哺乳類《ほにゅうるい》が、なんとか生き延びるため、今まで食べられなかったものを食べ、分かち合うことを覚え、コミュニケーションを発達させて、共同生活をするという選択をしたこれがやがて人類の認知的流動性を生み出した」といったものがあります。複雑なコミュニケーションを取るためには、可塑《かそ》性の高い知性が必要となったのでしょう。

また、腸の発達も脳の発達に直結しているんじゃないでしょうか。私、そんなふうに勝手に考えているのですが。それまで豊かな森で暮らしていた哺乳類と違って過酷な状況に置かれたため、ちょっと腐ったものとか、弱い毒性を持ったものとか、いろんなものを食物にする必要が生まれ、それを消化するための消化能力が必要となった。硬い殻がついた実を摂食するために道具も使うようになったでしょう。たぶん、そのあたりで腸と脳がすごく発達したと思うんですよ。

話を戻します。この過剰な領域のために、人類は自然からはみ出る部分をもつようになりました。他の生物は完全に自然の一部ですが、それとは別に人間という領域が発生したのです。そして、人間的な領域と非人間的な領域の境界線が成り立ちます。第二節で、霊性は境界線を感知する能力ではないかといいましたが、その境界線こそ霊性そのものであるような気がしてきました。そして境界線まで歩みを進めることが宗教的営為なのでしょう。

共感できる物語

さて、お配りした資料に、「聞けば共感できるストーリー」と「長い間歩かないと共感できないストーリー」と書きました。これは私自身、あちこちで宗教の話をしていて実感することです。

特定の宗教体験や信仰を前提としなくても、共感できる霊的ストーリーというのがあります。それが前者です。つまり、仏教徒ではなくても、クリスチャンではなくても、共感できる宗教性豊かな物語です。その一方で、ある道を歩んでないと共感できない宗教性のストーリーもあります。

例えば、「私たちはやがて大きな生命へと還ってゆくのです」などといった語りには、多くの人が共感してくれます。でも、「お念仏して浄土に往生する」となれば、これは念仏者の道を歩んでいる人でないと共感できない。だから、何の前提もなしに共感できる宗教性もあれば、長い間道を歩んで初めて共感できる宗教性もあるということなのです。

浄土真宗にも、「浄土があると思うから信じる」とか「浄土があるとは思えないから信じられない」といった位相では見えてこない光景があります。ずっと念仏の道を歩むからこそ開く扉があるのです。あるいは、イエス復活のストーリー。これはキリスト者にとってまぎれもない真実であって、いくら現代医学が「死後三日経っての蘇生《そせい》などありえない」と否定しても、あまり意味はありません。逆に三日経って蘇生可能だと医学的に証明されても、同じくあまり意味はない。「私にとっての真実」という扉が開かねば、何ひとつ見えてこないのです。

このように、霊性の問題は「聞けば共感できるストーリー」と「長い間歩かないと共感できないストーリー」の両方にまたがっています。そして現代の霊性をめぐる議論は前者にウエイトがかかっているところに特徴があります。

その意味において、内田先生が第一部講義で発揮された「共感を呼び起こす言説の力」は、まさに現代日本の霊性論そのものであるといえるでしょう。一方、第二部では中盤以降からひとつの体系に特化したお話となりました。こちらの語りにはコミットできない人も多かったと思います。でもなんとか両方のストーリーを提示することができました。これは本講義の特徴となっています。

すべての人に道は開く

第一章でも述べたように、二〇〇五年に「現代霊性論」というテーマと向き合った際は、個人主義化・道具化・無地域化していく現代人の宗教の特性を前提として考察しておりました。つまり、自分の苦悩に対応してくれる宗教情報を手に入れたい、と考える人たちが目についていたのですね。

しかし、最近の若者たちのスピリチュアルな取り組みを見ていると、霊性を賦活することと自体が喜びであり、心地よいことであり、現代を生きるために必要なワークであるとわかっている人も少なくないと感じています。

となれば、おすすめの手順は「まず、伝統宗教を学ぶ」ことです。これが一番よいと思います。伝統的な知恵に耳を傾けることから始めるのです。腰を落ち着けて、じっくりとひとつの宗教体系をたどってみましょう。

次に、宗教と他領域との架け橋に注目するとよいかもしれません。宗教とアート、宗教と芸能、宗教と音楽、宗教と武道、宗教と衣食住文化、そんなものがクロスするところ、そこへ足を踏み入れるのです。ここまで歩みを進めてみると、かなりいろいろなものが解読できるようになります。地道にコツコツ歩んでいけば、そのうちに必ずさまざまな問いがつながり始めるはずです。バババッと、つながり始める問い。そのとき救いの扉は開きます。あわてることはありません。うまずたゆまず、真摯に誠実に、伝統的な知恵に足跡をたどってみてください。

今回の連続講義は、どのような宗教体系を歩んでいる人も、どんな信仰を持っている人も、あるいは宗教体系や信仰を避けている人も、みんなが着席できる場を設けようとする取り組みです。そして、その場を設けることに取り組む姿勢そのものが霊性論である、あるいはその場自体を霊性論と呼ぶこともできる。そんな提言で終わらせていただきます。

注

＊1　二〇一二年二月八日　東京新聞

＊2　鈴木俊隆『禅マインド　ビギナーズ・マインド』松永太郎訳、サンガ新書、二〇一二年、一〇―一一頁。原典初版は一九七〇年。アメリカの弟子が鈴木の言葉を編集してまとめた。ちなみにビギナーズ・マインドとは「初心」のこと。
Zen Mind, beginner's mind ed. by Trudy Dixon,weatherhill,1970

＊3　『観経疏《かんぎょうしょ》』「散善義《さんぜんぎ》」浄土真宗教学研究所浄土真宗聖典編纂委員会編『浄土真宗聖典　七祖篇―注釈版―』所収、本願寺出版社、一九九六年、四六六―四六七頁

内田樹からの応答

「理」と「業」

内田　ありがとうございます。たいへん豊かな論点をご提起いただきました。聴いているうちに、いろいろ申し上げたいことが、いっぱい出てきてしまったんですけども、切りがありませんので、とりあえず一番最後の話から順番に申し上げます。

「聞けば共感できるストーリー」と「長い間歩かなければ共感できないストーリー」という言葉に、つい最近、合気道の多田塾合宿で、多田宏先生からうかがった話を思い出しました。柳生三厳《やぎゅうみつとし》の言葉なんですけども。武道に熟練する道はいろいろあるけれども、「理より入るは早し。業より入るは遅し」というのがあるんです。「聞けば共感できるストーリー」というのは理の方ですよね。一方、業は「長い間歩かないと共感できないストーリー」にあたるのかなと思うんです。身体知というか、技術知というか、ある程度長期にわたって身体のなかにすり込んでいって、それが蓄積して、発酵して、化学変化が起きて、初めてわかること。これはどちらがよいとか悪いとか、どちらが先だとか後だとかいうことではなくて、やはり理と業は並行していくものだという気がします。

僕自身は傾向的にはもちろん「理の人」なんですけども、さいわい武道を長く稽古してきたので、後天的には「業の人」となりました。釈先生が僕にも宗教性がある程度はあるとお認めくださったのだとすると、その宗教性は読書や学問によって得られたものではなく、かなりの部分は武道修業を通じて身体的に覚知されたものだと思います。

「わからないはずのものがわかる」とか「見えないはずのものが見える」というのは、共身体形成という実技上のリアルな課題でもあるわけです。どうやって共身体をつくり上げるのか、どうやって相手を支配したり、無理強いしたりすることなしに、ふたつの身体を同期的に使うのか。それが合気道における日々の技法的課題です。それをそのつど思いついた仮説を当てはめて道場で実験してみる。ああでもない、こうでもないと、行きつ戻りつ稽古をしてしだいに身についた技術知ですから、これは「長い間歩かないと共感できないストーリー」だと思います。

武道をやっていなかったら、「共身体形成」というような概念は僕のなかからは出てこなかったと思うんです。「二河白道」は、能の稽古をしている最中に、すり足がうまくできないので、どういうふうな心の持ちようにしたら、足がスムーズに出るのかあれこれ工夫しているうちに、ふっと浮かんだ言葉であるわけです。主体的に動くのではなく、能舞台を行き交う波動を受信しながら動く。すると、通りやすい空間と通りにくい空間の密度の違いがあることがわかった。そういうことですよね。

安田登さんとお話ししたときに、十年ぐらいの稽古でよくそこまでわかりましたねと、ちょっとほめられた（笑）。舞はそこそこですけれど、武道をやっている方は着眼点がやはり違いますねと言っていただいた。

言葉で記述し、理解できるものと、うまく言葉にならないものとがありますね。身体的な実感としては確かに存在するのだけれど、それをうまく言葉に置き換えられない。そういうことがあります。しかたがないから、いろいろと言い換えをする。でも、そういうぴったりしない言い換えでも、同じような身体的な経験をした人に話すと、「ああ、『あれ』ね」でわかってもらえる。

例えば安田さんと話したときに、能舞台の三間四方の空間って、地謡《じうたい》がいて、囃子《はやし》方《かた》がいて、ワキがいて、作り物があって、そういうものが全部シグナルを発信すると、空間密度が濃くなる。そういうときは舞台を動くときに、ゼリーのなかを歩いているような感じがするという話をしたら、安田さんから「うちの流儀では『寒天のなか』

という言い方をします」と教えていただきました。ゼリーと寒天ですから、触覚的に感じていることは似ているわけです。こういうのは理から出る言葉ではなくて、まず身体実感があって、それをなんとか言葉に置き換えようとするときにしか出てこないものだと思います。こういうのが「長く歩いていないとわからない」感覚ですよね。

釈　そういうのは、その道を歩いている人でないと出てこない表現なのでしょう。また、ゼリーや寒天の喩えだって、あるとき「前から聞いていたけど、今回わかった」などということになったりします。

内田　そうかもしれないです。寒天というのも、安田さん、ずっと忘れてて、僕が「ゼリー」と言ったので、あ、そういえば寒天……（笑）といって思い出したのかもしれません。

ノブのついていない扉

内田　あと、「声がかかる」というのは、たぶん世界の宗教どれも同じではないかと思います。キリスト教、ユダヤ教だと「召命」といういい方をします。英語だとcallingとかvocationということになる。神が自分に向かって呼びかけてくる。この言葉には「天職」という意味もありますけども、「自分が進むべき道」ですね。自分がなすべきこと、進むべき道は自己決定するわけではなく、呼びかけに応じるというかたちで始まる。

これはよく僕が就活している学生に言うことですけれど、「キャリアの扉にはドアノブがついていない」。自分で開くことはできない。向こう側からしか開かない。

釈　その喩えは秀逸ですね。すごく伝わる。使わせていただきます。

内田　まだ続きがあるんです。「キャリアの扉にはドアノブがついていない」ので、こんこんとノックするんです。すると、扉の向こうから「合い言葉は？」と聞いてくる。扉を開くためにはマジックワードを言わなければいけないんです。マジックワードとは何か？　それは、「知りません。教えてください」なんです（笑）。「知りません。教えてください」というのが未知の世界に続く扉を開く魔法の言葉なんですよ。僕に平川克美君という友人がいてですね。

釈　その名前は、ここにいるみんなが知っていると思います（笑）。

内田　彼は早稲田大学の理工学部を受けたんですけれど、試験のとき、数学の問題が難しくてわからない。困ったなと思っているうちに便意を催したので、立ち上がって「トイレに行きたいです」と言ったら、試験監督の大学院生がトイレまでついてきた。教室から出てトイレに行くまでの廊下を歩いている間に、平川くんはその院生に「あの問題、難しいですよね」と話しかけたら、むこうも笑っている。そこで「あれ、どうやって解くんですか」と訊いたら、「あれはね」って、解き方を教えてくれた（笑）。

これはたいした芸だと思いますよ。そうやって平川くんはキャリアのドアを開いたわけですけれど、マジックワードは「あの問題どうやって解くんですか？」ですからね。いい話だと思います。押しても引いても開かない扉を開くマジックワードって、自分の無力と無知をきちんと言語化して、それを礼儀正しく差し出すということなんですよ。

人間の起源を言祝ぐ和のステップ

内田　あともうひとつだけ、今回の話と直接関係ないですけども、さっき禹歩の話がありましたね。反閇の話。能の『翁』の「三番叟《さんばそう》」とか、『道成寺』の乱拍子があります。あれは反閇ですよね。
釈　『三番叟』のステップは反閇ですね。
内田　うまく歩けないんですよね。『道成寺』の乱拍子も、延々とやります。小鼓が打つ、シテが足を進める。蛇がクネクネ進むさまを表象しているのだという説明をしますけれど、あれはやっぱり反閇ですよね。「三番叟」も乱拍子も人間じゃないものが歩くわけですよ。歩き方を知らないものが地面から這い上がって、初めてよろよろと歩き出す。その直立歩行の起源の瞬間を表しているんじゃないですか。人間が人間になる瞬間を図像的に表現している。そうじゃないかと思うんです。それが舞踊や演劇の最も原初的な形態になってゆく。

釈　かつ祝祭芸でもある。

内田　人間が人間になった起源の原風景を再構成して、再現して、それを言祝《ことほ》ぐ。もし、最も人間的な演劇や舞踊があるとしたら、それは「人間が霊長類から分岐して人間になった瞬間」を表象するものだと思うんです。サルがある境界線を踏み越えて、それまでとはまったく別の生き物になった。そのときの劇的な切断の経験は儀礼として繰り返し、繰り返し再演されたはずだと思うんですよ。だから、「禹歩」とか「反閇」といった歩みは何千年、何万年という歴史を持っていて、さまざまな芸能にかたちを残しているんじゃないかなと。そんなことを思いました。

桁外れにセンサー精度の高い人たち

内田　あと、言いたいことはいっぱいあるけど、我慢して、もうひとつだけ。最初の方にあった「リーディング能力」の話です。これは村上春樹さんがエッセイで何度か書いてます。村上さんはリーディング能力が高いんですよ。心を静めて集中すると、目の前の人の職業くらいはわかる。だからあの人の小説では、実際に「人の職業を当てる」エピソードがけっこう多いんです。「一見しただけでは、何をしているのかわからない職業の人」という人物が小説のキーパーソン、という話がいくつもありますよ。

ある短編では、女の子と仲良くなったんだけれど、その子が何をしているのかわからない。何となく危険な職業であることはわかる。でも、あとがわからない。いくら聞いても、女の子は教えてくれなくて。そうこうしているうちに別れてしまって、何年か経って、テレビを見ていたら、高層ビルの屋上から屋上に綱を渡している綱渡り芸人が出てきて、それがその女の子だった。これ、不思議な後味を残す短編なんです。

それだけ村上春樹にとって「職業がわからない人」というのは印象に残る人だということだと思うんです。それを逆からいえば、ほとんどの場合、見ただけでだいたい職業がわかるという能力が彼には備わっていた。こんなふうに、観察力のある人は職業とか、出身地とか、家族構成とか、今の健康状態とか、だいたい当てられる。

村上さんはオカルトが大嫌いなんですよ。霊能力とかいうものをことごとしく言う人間が嫌いなんだけれど、それは「潜在的には誰でも備えている能力」のことをおおげさに宣伝したり、それで金儲けしている人間が嫌いだからだと思うんです。

イギリスにジョセフ・ベルという人がいまして、エジンバラ大学の医学部の教授をしていた。かのアーサー・コナン・ドイルが医学生だったころの恩師なんです。このベル先生をモデルにしてシャーロック・ホームズは造型されたといわれています。

このベル先生は、診察室に座っていて、患者がドアを開けて、数歩歩いて椅子に座ったところで、その患者の居住地、職業、既往症、今回診断を求めてやってきた病気まで全部言い当てたそうです。ホームズの場合だと、靴に赤い土がついているが、この色の土はヨークシャーにしかないとか、そういう判定根拠があるわけですけれど、ベル先生はそういう理由もなく、とにかくわかってしまう。「だって、わかっちゃうんだもん」ということで、どうしてわかったのか自分では説明しない。たぶん説明できないんだと思います。

「だってわかる」というのは、医療の世界ではよくあることなんです。僕がお世話になっている三軸修正法の池上六朗先生も、どうしてか知らないけれど、患者のどこが悪いかが、わかる。どこをどう治せばいいかも、わかる。みんなはそれが不思議で、「だから、なんでわかるんですか?」って訊くんだけれど、池上先生からすればそう訊く人のことがむしろ不思議らしい。「だって、わかるじゃない」って。僕らからすれば、身体のなかを透視しているように思える。でも、池上先生は表層に見えている徴候だけから、身体のなかがどうなっているかわかるんでしょう。なんで君らには身体のなかが見えないんだ……と池上先生は不思議がるわけです。そんなこと言われてもね（笑）。たぶんベル先生もそれに近いんだと思う。僕たちが情報として感知できない種類のわずかなノイズを明瞭なシグナルとして感知できる。センサーの精度が桁外《けた》れに高いんです。

「歩哨」が機能する世の中へ

内田　司法、教育、医療、宗教という、人間集団を支える四つの礎石があるわけですけども、この仕事を担当する人というのは、やはりこのセンサー能力が高くないと務まらないのではないかと思います。

このところ冤罪事件が多発してますよね。なんで冤罪事件が多発するかというと、本来司法官というのは、この人が犯人か、犯人ではないか。供述が真か、偽かということが直観的に判定できる人の天職だったからです。外形的なエビデンスがなくても、わかる。何かを隠しているか、どこかで嘘をついているかが、わかる。

前に、京都府警の刑事と大阪府警の刑事が広域捜査のことで相談して、話が終わったときに京都府警の人が管轄での強盗容疑者の写真を大阪府警の人に渡して、よろしくお願いしますと言ったことがありました。別れた後、大阪府警の刑事がすぐに街で犯人を逮捕したんです。歩いていて、「あっ、写真の男だ」って、その場で捕まえちゃった。この刑事さんはそういうことのできる名人らしくて、街を歩いていて、何かして逃げている人間をすぐに見つけてしまう。たぶん、こういう能力のある人の眼には、犯罪者は固有のオーラを発しているんでしょうね。だから、群衆に紛れ込んでいてもありありと浮かび上がって見える。

裁判官に「心証形成」という言葉がありますけども、心証形成って、平たくいえば「気分」のことですよね。この被告は嘘を言っているような気がするとか、何かを隠しているような気がするということが判決に関与する。そう法律で認められている。エビデンスがなくても、わかる人にはわかる。それを直観的に判定できる人がいることを前提にして司法システムは制度設計されているわけです。「そういう能力」のある人間が減少してきたにもかかわらず、司法官たちにはエビデンスがなくても犯人を指名していいという特権だけが残っているから冤罪が多発するわけですよ。

光岡英稔先生がハワイにいた頃に、道場に友達が来て、スパーリングやろうということになった。そのときに中高一本拳が相手の口に入って、前歯が一本ポキッと折れてしまった。光岡先生が「ごめん」と謝ったら、「いや、この歯、朝からグラグラしていて、帰りに歯医者に行って抜こうと思ってたんだ」と（笑）。相手の一番弱いところに まっすぐ手が出ていくという能力は、武道的にいうと相手の一番弱いところが直観的にわかるということですけれど、医療的にいうと、患者の一番弱いところ、一番悪いところに直観的に「手当て」ができるということですよね。別に診断しているわけじゃない。身体のある部位がシグナルを発信していて、そこに手が伸びる。そういうことだと思うんです。

そういう特殊な能力を持っている人たちが現にいるんです。多くはないけれど、いる。そういう人たちが「歩哨」（センチネル）の仕事を果すべきだろうと僕は思っているんです。人間社会の「外部」にあるものが境界線を越えて切迫してくるときに、それに対処することを本務とする人たち、それが「歩哨」です。本来、人間社会の制度はそういう特殊能力のある人たちを「歩哨」線の要路に配置していた。でも、今はそうなっていない。まったく「歩哨」的資質のない人たちが「安定した仕事だから」とか「試験に受かったから」とかいう理由で境界線を守る仕事に就いている。「歩哨」的な職業に就く人のためには、せめてそういう能力を開発する教育プログラムを策定しておくべきだと僕は思っているんですけど、どうなんでしょうね。

釈　そうですね。そのあたり、現代社会は「システムや組織さえしっかりしていればなんとかなる」といった傲慢さがあるのかもしれません。人もシステムのパーツのひとつとしてとらえる。これは数値化できないものやエビデンスがないものを軽視する態度から来ているに違いありません。しかし、本格的に成熟期を迎えた我々の社会においては、境界線とかかわる人たちの心身のあり様について再考せねばならない。

この再考への取り組みをとりあえず霊性論と呼んでいるわけです。霊性論を立論していくのはイバラの道ですが、まずは語れる場を作らねばならない。それも、できるだけ多様な人が着席できる場です。そこでは、お互いに持っている前提を一旦カッコに入れて着席する。その取り組みこそ霊性論の立論だとしたいわけです。

内田　だいぶ時間が押して参りました。三週間にわたって、釈先生、どうもありがとうございました。

あとがき

内田　樹

みなさん、こんにちは。内田樹です。

今回の本は釈徹宗先生との共著、『日本霊性論』です。

二〇一二年の夏休みに釈先生のお勤めになっている相愛大学の集中講義で僕が行った講義と、その年の秋に今度は僕の主宰する凱風館寺子屋ゼミに釈先生がおいでになって行ってくださった集中講義、この二つの集中講義の講義録を合わせて一冊にしたのが本書です。

実際には、相愛での集中講義には毎日、日替わりゲストをお招きしておりました（平川克美、森田真生、鷲田清一という豪華なラインナップでした）。ゲストをまじえての釈先生との鼎談《ていだん》もたいへんにおもしろかったのですけれど、残念ながらこれを収録すると本がとてつもない厚さになってしまうので、鼎談部分は割愛することになりました。その部分は「そのときたまたま相愛大学に来ていた人たち」だけが聴くことができたものとして、ご縁のあった方々の記憶のうちにそっとしまっておいていただきたいと思います。

こういう「ご縁」というのは、侮るべからざるものです。僕の敬愛する亡き大瀧詠一さんはときどきラジオ出演されたのですが、事前の告知をほとんどされませんでした。そのときたまたまラジオをつけて、その周波数にチューニングを合わせた人との「ご縁」をたいせつにされていたのです。ほんとうに「ご縁」のある人は、そういうときでもふと「なんだかラジオが聴きたい気分」になったりするものなのです。そして、そのときに自分がずっと聴きたいと思っていた当のその番組に出会って、宿命的な結びつきを感じるのであります。

　欲しい情報にいつでもアクセスできるというのはすばらしいことですけれど、そのせいで「一期一会の出会い」のもたらす「宿命的な結びつき」感を経験する機会が減じるのは、やはりいささか寂しいことですね。

　というわけで、鼎談については「ご縁がなかった」ということで読者のみなさまにはひとつご海容願いたいと思います（そんな鼎談があったことをここに書かなければことは穏便に済むのですけれど、ゲストのみなさんが送られてきた本書を手に取って「あれ？　あの集中講義では、確かずいぶんしゃべった気がするけど、全部カットか？」とぴくり眉を吊り上げたりするとたいせつな友情に差し障りが出ますので、こうして縷々《るる》言い訳を書かせていただいているわけであります。ゲストのみなさん、あのときはありがとうございました）。

さて、本書の内容については「読めばわかる」ので、改めて解説めいたことは必要ないだろうと思います。釈先生とのコラボレーションも『いきなりはじめる浄土真宗』（二〇〇五年）から始まり、『現代霊性論』（二〇一〇年）、『聖地巡礼ビギニング』（二〇一三年）と続いて、ずいぶんになります。これだけ長くコンビを組んできますと、漫才と同じで、だんだん呼吸が合ってきて、「この辺は相方がきっちりしゃべってくれるはずだから、僕はこっちの方にじゃんじゃん逸脱しちゃおう」とか「この辺のことは相方が正確な学術情報をおさえているので、僕の方はとりあえず学問的厳密性とか考えずに思いつきをじゃんじゃんしゃべってしまおう」ということができるのであります。

でも、今書いてわかりましたけれど、この「じゃんじゃん」系のお気楽業務はほとんど僕ひとりでやっているんですね。釈先生は枠組みや学問的基礎づけの仕事ばかり僕から丸投げされて「なんで私ばかりが……」と深夜ひとりで唇を噛んでいたのかもしれません。いつもすみません、釈先生、ほんとうに感謝してます。

というわけで、謝らなければならないみなさんたちにはひと通り……あ、もうひとりいらっしゃいました。担当編集者のNHK出版の福田直子さんです。いつまで経っても僕から戻ってこないゲラを待ちながら、どれほど胸を痛められたことでしょう。ほんとうに申し訳ありませんでした。
というわけで、謝らなければならない方々にはひと通り謝り終わりましたので、足掛け三年を要したこの本も書き終わり、肩の荷をおろした気分であります。後は、読者のみなさんのご高評を伏して待つばかりです。どうぞよろしくお願い致します。

二〇一四年七月

校閲　大河原晶子
DTP　佐藤裕久

内田 樹 うちだ・たつる

武道家。思想家。道場兼学塾「凱風館」館長。
神戸女学院大学名誉教授。1950年東京生まれ。
専門はフランス現代思想、武道論。
著書に『ためらいの倫理学』(角川文庫)、『日本辺境論』(新潮新書)、
『街場の教育論』(ミシマ社)など多数。

釈 徹宗 しゃく・てっしゅう

浄土真宗本願寺派如来寺住職。相愛大学人文学部教授。
NPO法人リライフ代表。1961年大阪生まれ。
専門は宗教思想、比較宗教。
著書に『不干斎ハビアン』(新潮選書)、『法然親鸞一遍』(新潮新書)、
『ゼロからの宗教の授業』(東京書籍)など多数。

NHK出版新書 442

日本霊性論

2014(平成26)年8月10日　第1刷発行
2015(平成27)年1月10日　第4刷発行

著者　内田 樹
釈 徹宗 ©2014 Uchida Tatsuru, Shaku Tesshu

発行者　溝口明秀

発行所　NHK出版
〒150-8081東京都渋谷区宇田川町41-1
電話 (0570) 002-247 (編集) (0570) 000-321(注文)
http://www.nhk-book.co.jp (ホームページ)
振替 00110-1-49701

ブックデザイン　albireo

印刷　壮光舎印刷・近代美術

製本　ブックアート

Printed in Japan ISBN978-4-14-088442-3 C0214

NHK出版新書好評既刊

漢字に託した「日本の心」 笹原宏之
「金田一賞」の日本語学者による漢字文化史。日本人の感性と想像力が生み出した当て字や絵文字、略字などを多角的に解明。
438

10歳から身につく 問い、考え、表現する力
ぼくがイェール大で学び、教えたいこと 斉藤 淳
イェール大学の教職をなげうって私塾を立ち上げた著者が、日本の10代に伝えたい学問の作法を初公開。子どものためのリベラルアーツ入門。
439

生物に学ぶイノベーション
進化38億年の超技術 赤池 学
真正粘菌からハダカデバネズミまで、生物たちの超技術はイノベーションの先生だ。生物進化の不思議を読み解きながら、「新発想のヒント」を記す。
440

プロフェッショナル 仕事の流儀
人生に迷わない36の極意 NHK「プロフェッショナル」制作班
イチロー、井山裕太、宮崎駿……彼らはどうやって一流になったのか？ 自らを奮い立たせた珠玉の言葉を紹介。人生を切り拓く、極意とヒント！
441

日本霊性論 内田 樹 釈 徹宗
東日本大震災後、問い直された日本人の宗教性。思想家・武道家の内田氏と僧侶・宗教学者の釈氏が、各々信ずる道から「こころ」の問題を論じる。
442